《진짜진짜 알파벳》은
열한 명의 어린이 친구들이 먼저 체험해 보았으며
현직 교사들로 구성된 엄마 검토 위원들이
검수에 참여하였습니다.

어린이 사전 체험단

길로희, 김단아, 김주완, 김지호, 박주원, 서현우
오한빈, 이서윤, 조윤지, 조항리, 허제니

엄마 검토 위원 (현직 교사)

강혜미, 김동희, 김명진, 김미은, 김민주, 김빛나라
김윤희, 박아영, 서주희, 심주완, 안효선, 양주연
유민, 유창석, 유채하, 이동림, 이상진, 이슬이
이유린, 정공련, 정다운, 정미숙, 정예빈
제갈종면, 최미순, 최사라, 한진진
윤여진 (럭스어학원 원장)

진짜진짜 알파벳

Alphabet

초판 발행	2020년 8월 13일
초판 3쇄	2023년 3월 6일

글쓴이	한동오
그린이	정현수
편집	김은경
펴낸이	엄태상
영문감수	Kirsten March
표지디자인	권진희
내지디자인	디자인디
콘텐츠 제작	김선웅, 장형진, 조현준
마케팅본부	이승욱, 왕성석, 노원준, 조성민, 이선민
경영기획	조성근, 최성훈, 정다운, 김다미, 최수진, 오희연
물류	정종진, 윤덕현, 신승진, 구윤주

펴낸곳	시소스터디
주소	서울시 종로구 자하문로 300 시사빌딩
주문 및 문의	1588-1582
팩스	0502-989-9592
홈페이지	www.sisostudy.com
네이버카페	시소스터디공부클럽 cafe.naver.com/sisasiso
인스타그램	instagram.com/siso_study
이메일	sisostudy@sisadream.com
등록일자	2019년 12월 21일
등록번호	제2019-000148호

ISBN 979-11-970830-0-6 63700

한동오 지음

글쓴이 한동오

한동오 선생님은 제7차 영어 교과서 개발에 참여한 바 있으며, 영어 교육 과정과 학교 시험에 정통해 있는 영어 교육 전문가입니다.
KD 강남대치영어학원 원장을 역임하였고, 치열한 영어 학원가에서도 잘 가르치는 선생님으로 소문난 명강사입니다.
미국 예일대학교 디베이트 협회(YDSL)와 ASFL 영어 디베이트 협회가 연계한 Coach 및 Judge 자격을 가지고 있으며,
영어 디베이트 대회 심사위원으로 활동하였습니다.

《기적의 파닉스》 외에 여러 권의 영어 분야 베스트셀러를 집필하였고, 그동안 개발한 교재는 국내뿐만 아니라 미주 지역, 대만,
태국 등지에서 사용되어 왔으며, 캐나다 교육청(Fraser Cascade School Board)으로부터 프로그램 교류에 대한 감사장을 받았습니다.
또한 영어 학습법 분야에서 여러 개의 발명 특허를 획득하였으며 대한민국 발명가 대상, 캐나다 토론토 국제 선진기술협회장상,
말레이시아 발명 협회 MINDS 특별상, 국제지식재산권 교류회장상, 국제 CIGF 금상 등을 수상하였습니다.
그리고 학습법 발명 및 집필 공로로 대한민국 교육 분야 신지식인으로 공식 선정되었습니다.

저서로는 《기적의 파닉스》, 《중학 필수 영단어 무작정 따라하기》, 《바쁜 3·4학년을 위한 빠른 영단어》, 《중학영어 듣기 모의고사》,
《특허받은 영어 비법 시리즈》, 《미국교과서 영어따라쓰기》 등 다수가 있습니다.

그린이 정현수

대학에서 국어교육을 전공한 후에 그림이 좋아 엠비주얼 스쿨에서 그림을 배웠습니다. 현재 프리랜서 일러스트레이터로
즐겁게 그림 작업을 하고 있습니다. 지금까지는 [한화], [안전보건공단], [서울삼성병원] 등 다수의 간행물에 일러스트레이션
작업을 주로 하였으나, 현재는 어린이 그림책으로 점점 작업 범위를 넓히고 있습니다.

어린이 책으로는 잉글리시 에그의 《Simple Simon》, 크래들의 《마법의 유치원 화장실》 등의 그림책 작업을 하였으며,
더 빨리 부지런히 걸어, 앞으로 더 많은 어린이들과 만나고자 합니다.

이번 작업은 친숙한 동물들에서부터 신기한 동물들까지, 알파벳 동물 친구들과 함께 했던 작업이라 오랫동안 기억에
남을 듯 합니다. 어린이 친구들이 즐겁게 알파벳 공부를 시작할 수 있었으면 좋겠습니다.

Alphabet Song

이 책의 구성과 특징 《진짜진짜 알파벳》 이렇게 학습해 보세요!

① 함께 공부할 동물 친구들을 찾으며 학습 준비를 해요.

각 파트를 시작하기 전에 앞으로 배우게 될 동물들의 숨은 그림찾기 활동을 해요. 함께 공부할 동물 친구들은 물론, 학습할 알파벳에 대한 관심과 흥미가 커져요.

② QR코드로 제공되는 알파벳 송과 챈트를 충분히 듣고 따라 해요.

학습에 앞서, 귀와 입으로 알파벳에 충분히 노출될 수 있게 원어민이 녹음한 노래와 챈트를 QR코드로 반복해서 들어요.

③ 여러 동물 친구들의 도움을 받아 알파벳의 모양을 익혀요.

알파벳 모양을 따라 하는 동물들의 기발한 모습을 통해 알파벳에 흥미를 느끼면서, 알파벳 대문자와 소문자의 모양을 익혀요.

④ 알파벳을 여러 번 반복해 쓰면서 손으로 익혀요.

점선을 따라 쓰기, 점을 이어서 쓰기, 출발점부터 시작해서 쓰기 등 다양한 방법으로 해당 알파벳을 쓰면서 정확하게 익혀요.

⑤ 재미있고 다양한 활동들을 하며 알파벳을 익혀요.

해당 알파벳으로 시작하는 동물들의 재미있는 상황을 보면서 알파벳 찾기, 스티커 붙이기, 미로 찾기, 색칠하기 등의 활동을 해요. 여러 가지 활동을 통해 즐겁게 알파벳을 반복 학습해요.

⑥ 알파벳에 등장한 동물들에 대한 재미있는 정보를 얻어요.

알파벳 동물들에 관한 짧지만 알차고 유용한 정보를 통해 동물에 대한 학습적 지식을 쌓아요.

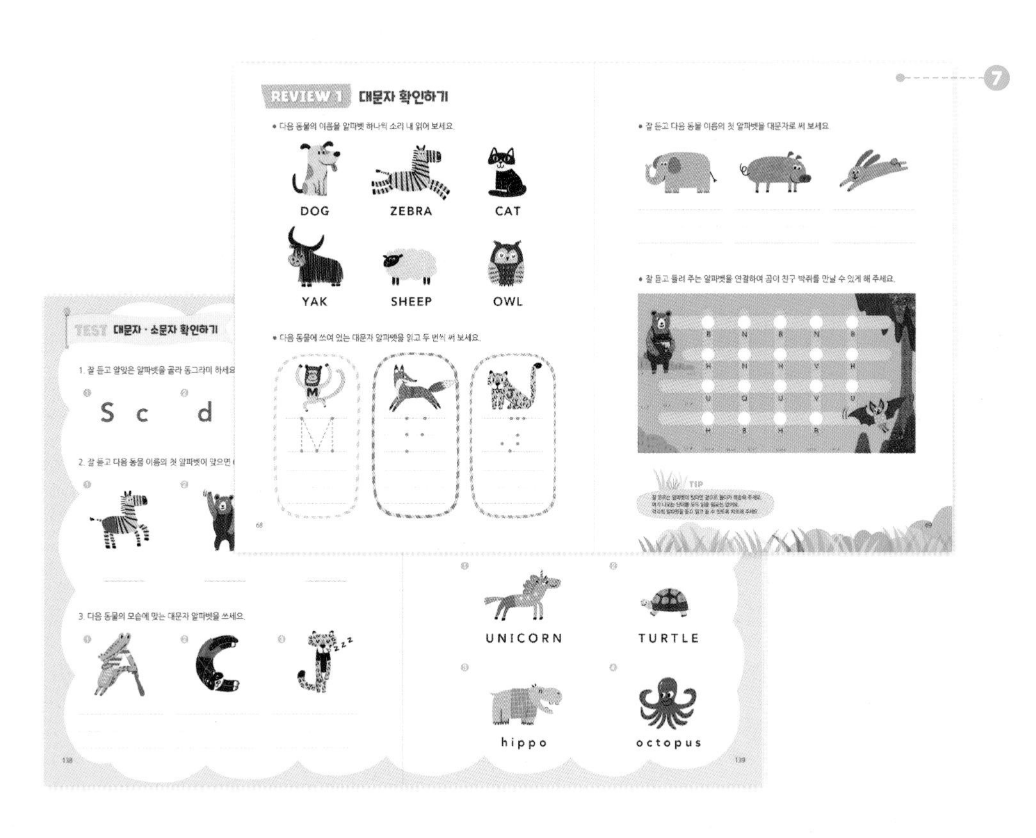

❼ 앞에서 배운 내용을 REVIEW로 복습하고, TEST로 확인해요.

각 파트의 마무리 학습으로 리뷰와 테스트가 있어서 앞에서 배운 부분을 복습할 수 있어요.

❽ 애니멀 퍼펫과 플래시 카드로 재미있는 놀이를 하며 알파벳을 익혀요.

애니멀 퍼펫과 플래시 카드를 이용한 다양한 놀이를 통해 알파벳에 대한 흥미를 느낄 수 있어요.

머리말

알파벳을 어떻게 공부해야 하나요?

단순히 글자(대문자 26개, 소문자 26개)를 암기하고 쓰는 것으로 알파벳 공부를 시작해서는 안됩니다. 영어 학습은 반드시 충분한 듣기와 말하기, 즉 음성 언어 학습이 이루어진 후에 쓰기 학습으로 이어져야 합니다. 그래야 우리 아이들은 균형 잡힌 영어 학습을 하게 됩니다.

음성 파일을 통해 충분히 알파벳의 이름을 소리로서 접하게 해 주세요. 알파벳 송이나 챈트를 여러 번 반복해서 듣고 따라한 후에, 알파벳을 순서에 맞게 써 보는 연습을 하면 영어 학습에 큰 도움이 됩니다. 이때 아이들이 알파벳을 직접 몸동작으로 만들어 보면, 알파벳의 대문자와 소문자의 생긴 모양에 관심을 갖게 되며, 또한 몸으로 배우기 때문에 더욱 오래 기억에 남게 됩니다. 그리고 거기에 다양하고 재미있는 활동들이 병행된다면, 아이들의 영어 공부는 훨씬 더 즐거워질 겁니다.

《진짜진짜 알파벳》은 무엇이 다른가요?

《진짜진짜 알파벳》은 아이들이 알파벳을 음성 파일로 들으며 영어의 소리에 친숙해지는 것으로 시작합니다. 이 점은 단순히 알파벳을 반복적으로 쓰기만 하는 책과는 다르게, 앞으로 학습하게 될 파닉스, 듣기, 말하기 등과의 연계 학습을 염두에 둔 것입니다.

이 책은 알파벳의 대문자와 소문자를 아이들에게 친숙한 동물과 함께 제시하여, 영어를 처음 접하는 아이들이 쉽고 재미있게 영어를 학습할 수 있도록 구성했습니다. 아이들은 신기하고 기발한 동물들의 모습을 통해 알파벳의 모양을 익히면서 자연스럽게 알파벳과 그 알파벳으로 시작하는 동물을 연결하게 됩니다. 그리고 색칠하기, 스티커 붙이기, 미로 찾기, 숨은그림찾기 등의 다양한 학습 활동과 플래시 카드, 애니멀 퍼펫을 이용한 게임은 아이들이 재미있게 알파벳을 익힐 수 있게 돕습니다. 아이들은 동물의 모습을 통해, 혹은 자신의 몸으로 직접 영어를 익히면서 더욱 영어에 대한 흥미를 키우게 될 것입니다. 아울러 그림책 작가의 그림은 소장하고 싶은 알파벳 그림책으로 손색이 없을 만큼 아름답고 완성도가 높습니다.

글쓴이 한 동 오

차례

PART 1 대문자
숲속에서 동물 친구들이 숨바꼭질을 하고 있네요.
친구들이 어디에 숨었는지 한번 찾아볼까요?

UNIT 1 대문자 A

● 점선을 따라 순서대로 써 보세요.

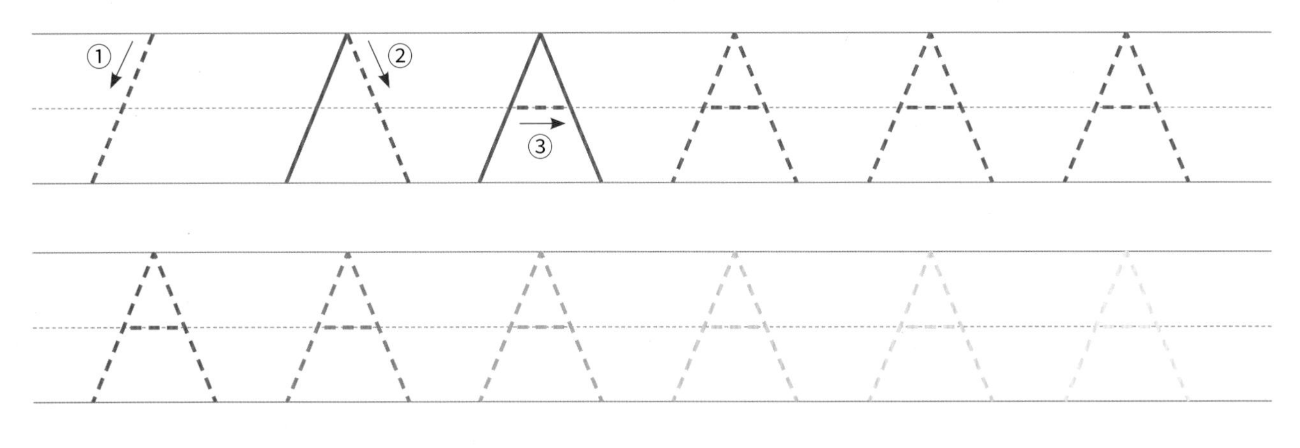

● 점을 이어서 써 보세요.

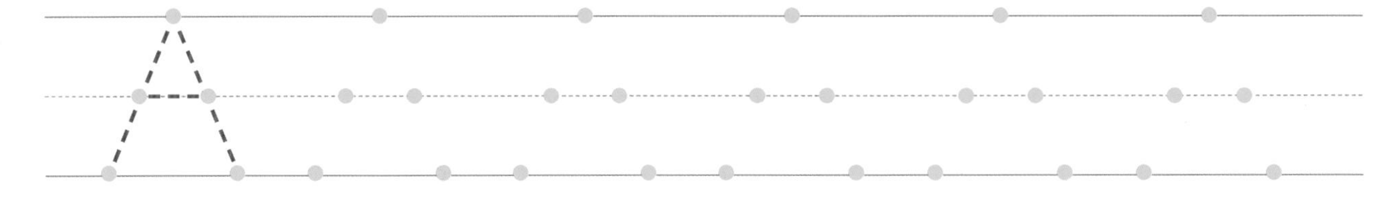

● 출발점부터 시작해서 써 보세요.

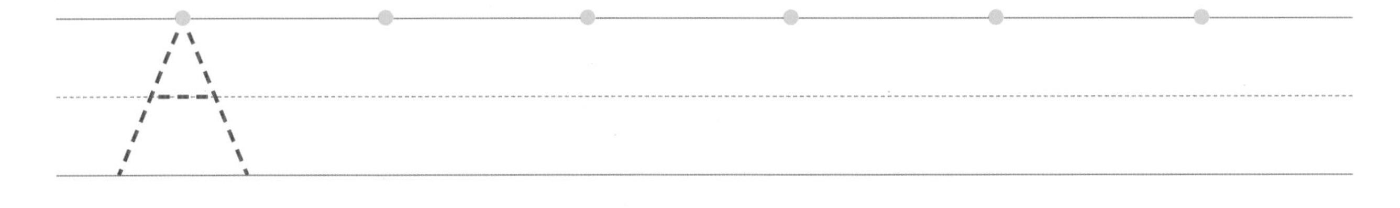

● 동물들이 숲에서 놀고 있어요. 누구를 잡는 걸까요? 대문자 A를 찾아 동그라미 하세요.

● A로 시작하는 동물들을 확인하고, 대문자 A를 예쁘게 써 보세요.

대문자 A 동물 이야기

ALLIGATOR 악어, **ANT** 개미, **ANTEATER** 개미핥기

아직 A 동물 단어들은 암기하지 마세요. A로 시작한다는 것만 알려 주세요.

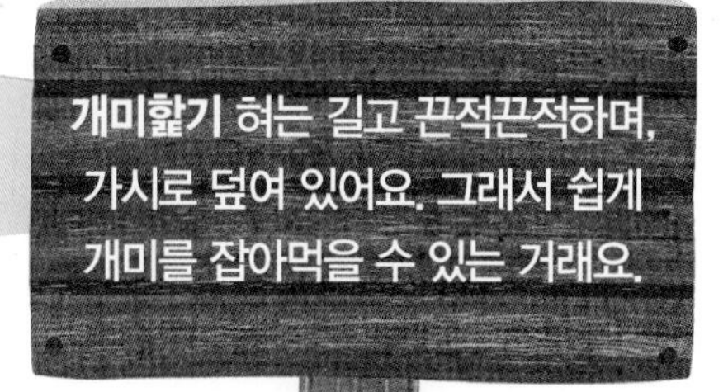

UNIT 2 대문자 B

● 점선을 따라 순서대로 써 보세요.

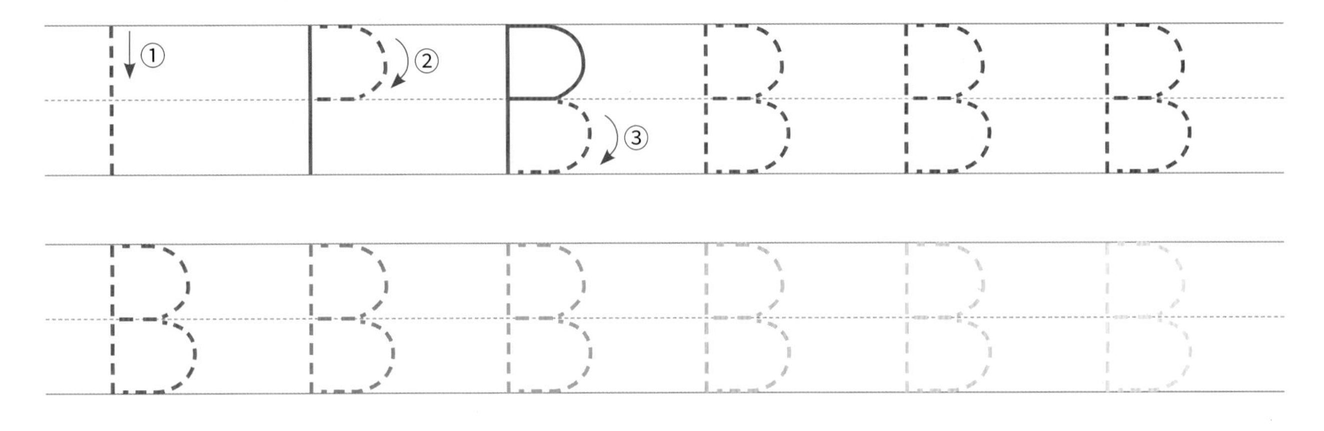

● 점을 이어서 써 보세요.

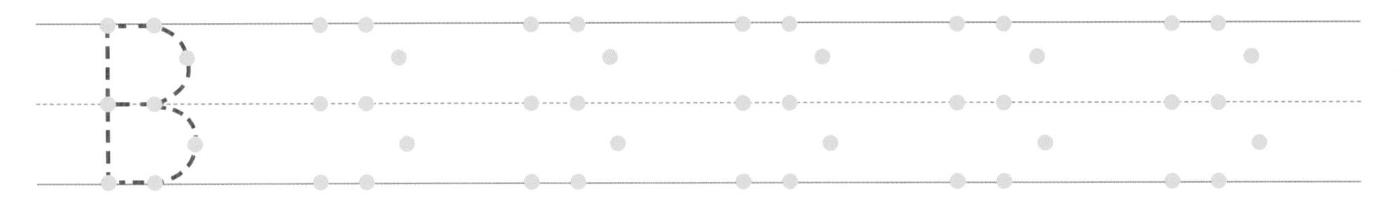

● 출발점부터 시작해서 써 보세요.

● 곰이 저글링을 하는데 공이 자꾸 떨어져 당황하네요. 대문자 B에 스티커를 붙이세요.

● B로 시작하는 동물들을 확인하고, 대문자 B를 예쁘게 써 보세요.

대문자 B 동물 이야기

BEAR 곰, **BUTTERFLY** 나비, **BAT** 박쥐

아직 B 동물 단어들은 암기하지 마세요. B로 시작한다는 것만 알려 주세요.

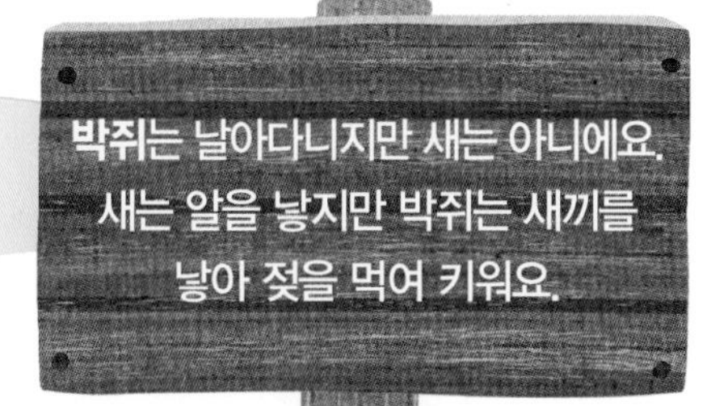

UNIT 3 대문자 C

● 점선을 따라 순서대로 써 보세요.

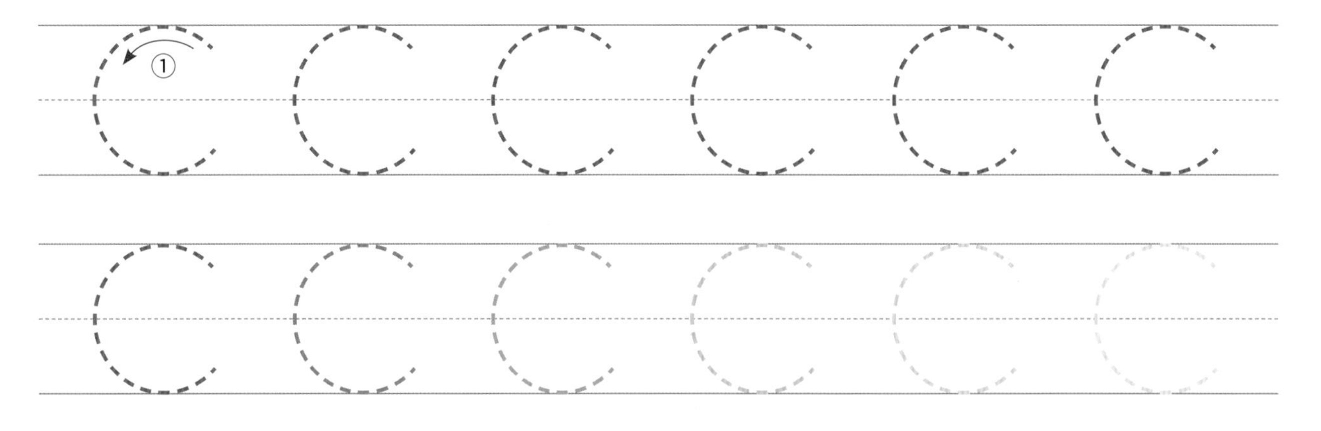

● 점을 이어서 써 보세요.

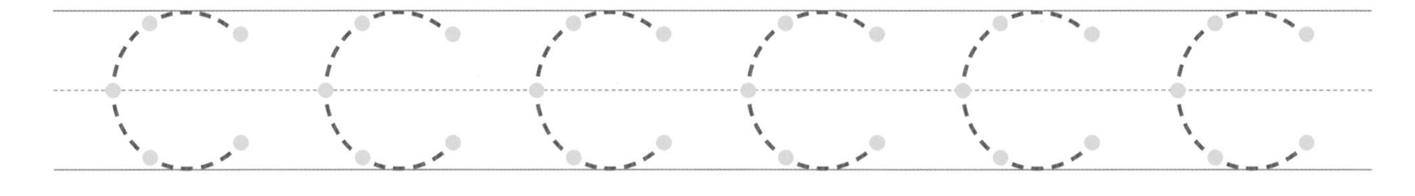

● 출발점부터 시작해서 써 보세요.

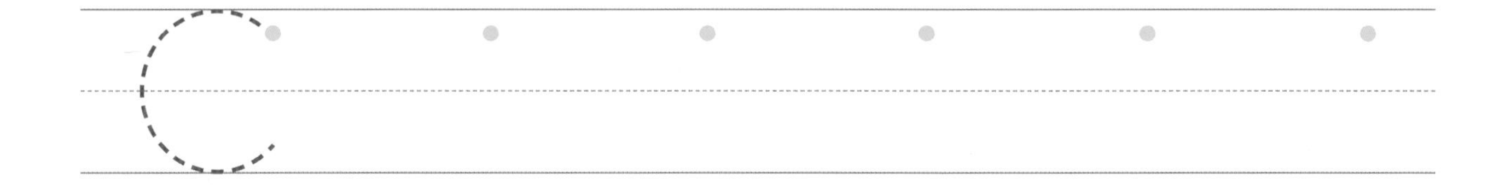

● 고양이가 친구 암소와 낙타를 만날 수 있도록 대문자 C를 따라가 보세요.

● C로 시작하는 동물들을 확인하고, 대문자 C를 예쁘게 써 보세요.

대문자 C 동물 이야기

CAT 고양이, **COW** 암소, **CAMEL** 낙타

아직 C 동물 단어들은 암기하지 마세요. C로 시작한다는 것만 알려 주세요.

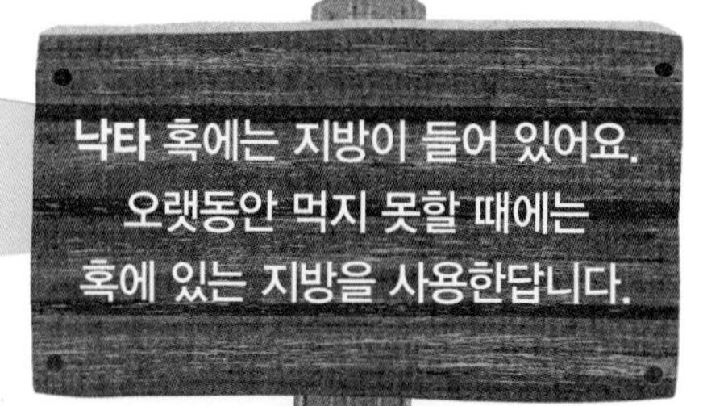

UNIT 4 대문자 D

● 점선을 따라 순서대로 써 보세요.

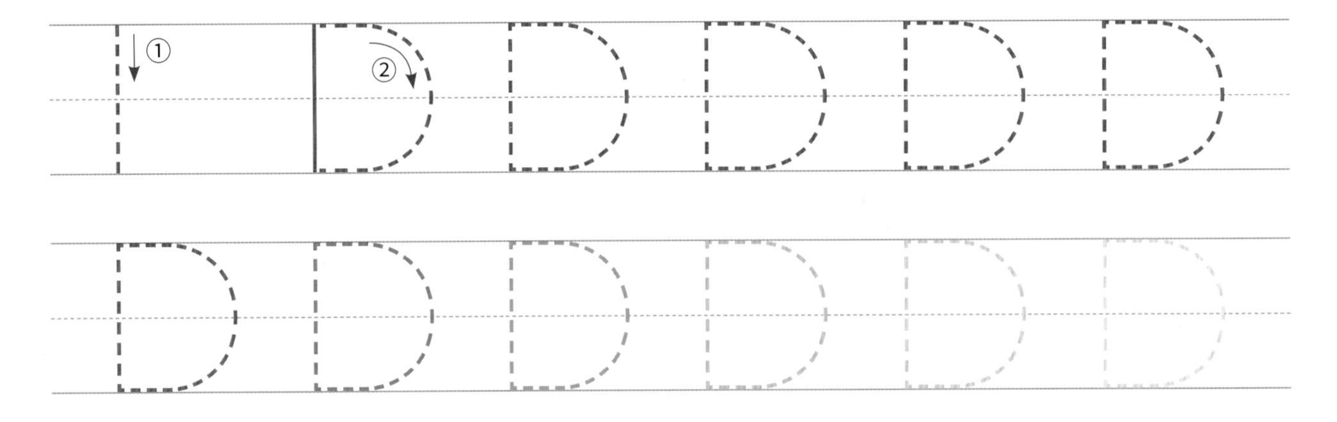

● 점을 이어서 써 보세요.

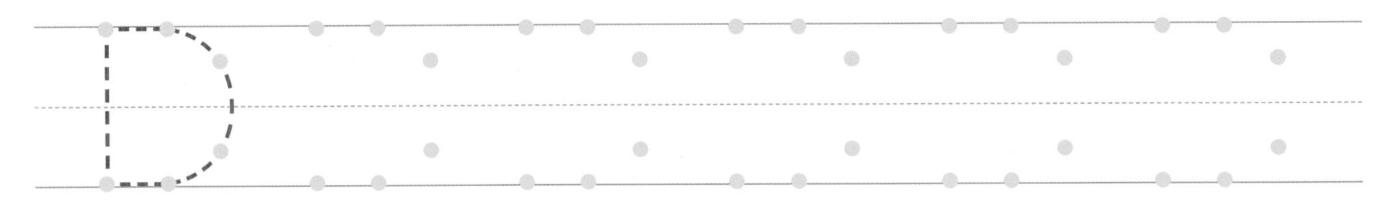

● 출발점부터 시작해서 써 보세요.

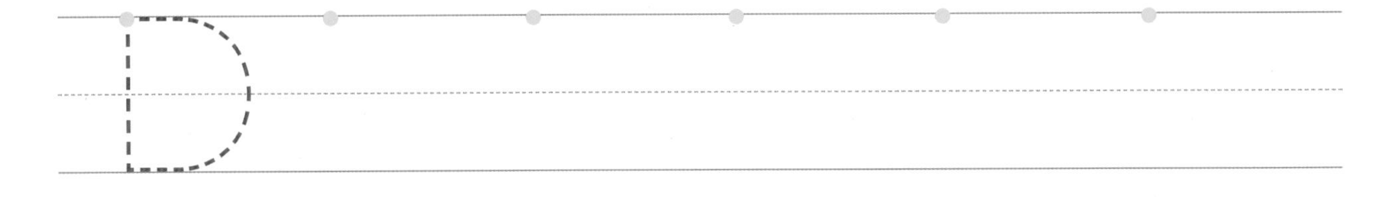

● 개가 공놀이를 하고 있어요. 대문자 D를 따라 점을 연결하여 개를 그려 보세요.

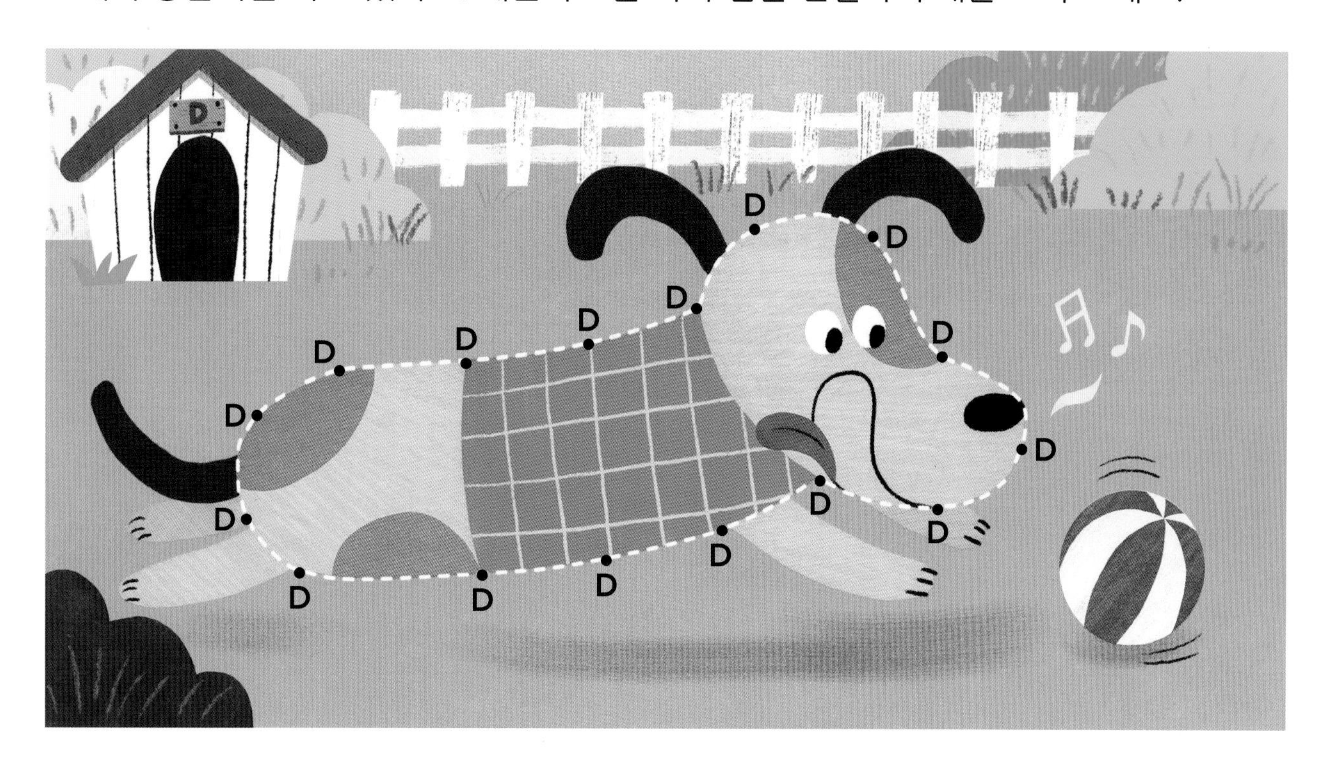

● D로 시작하는 동물들을 확인하고, 대문자 D를 예쁘게 써 보세요.

대문자 D 동물 이야기

DOG 개, **DUCK** 오리, **DEER** 사슴

아직 D 동물 단어들은 암기하지 마세요. D로 시작한다는 것만 알려 주세요.

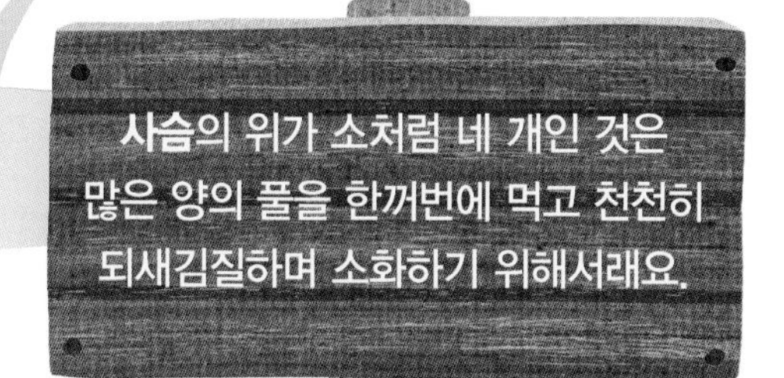

UNIT 5 대문자 E

● 점선을 따라 순서대로 써 보세요.

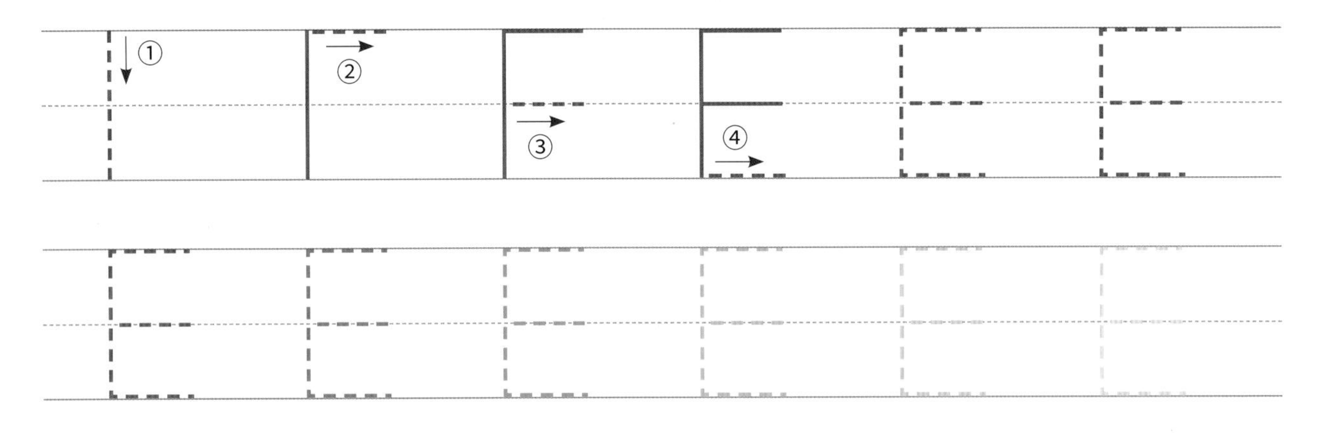

● 점을 이어서 써 보세요.

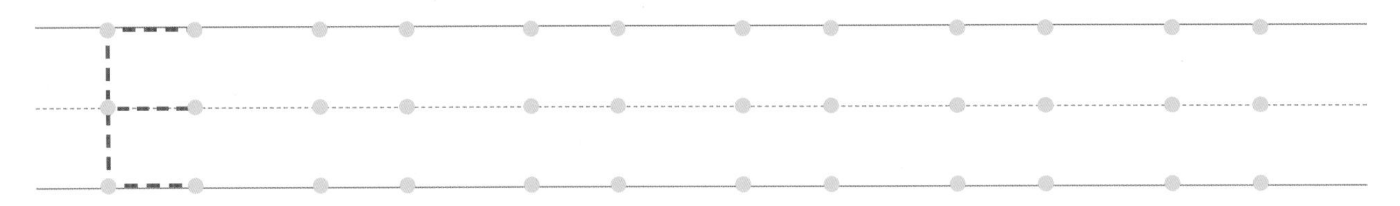

● 출발점부터 시작해서 써 보세요.

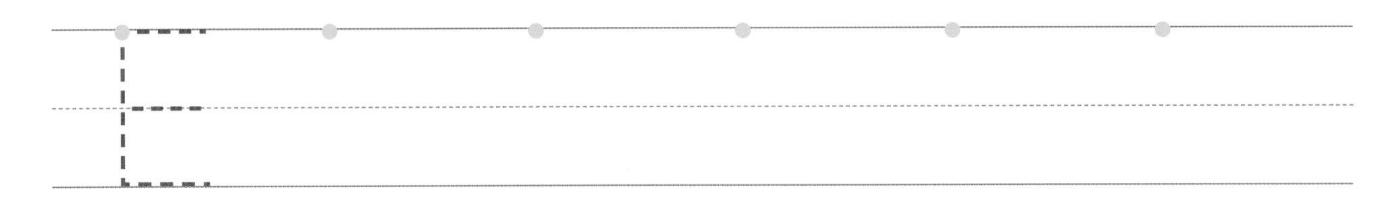

● 대문자 E를 회색으로 색칠하세요. 어떤 동물이 될까요?

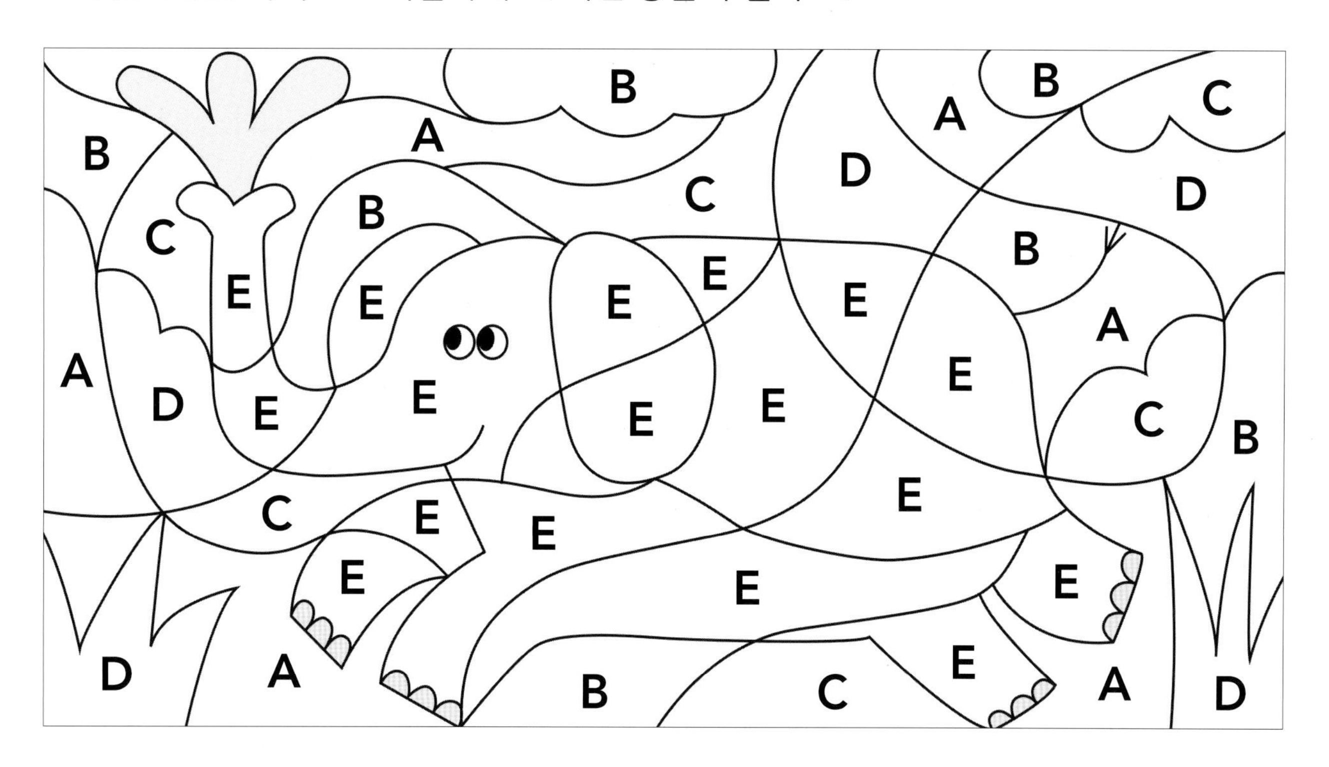

● E로 시작하는 동물들을 확인하고, 대문자 E를 예쁘게 써 보세요.

대문자 E 동물 이야기

ELEPHANT 코끼리, **EMU** 에뮤, **EEL** 뱀장어

아직 E 동물 단어들은 암기하지 마세요. E로 시작한다는 것만 알려 주세요.

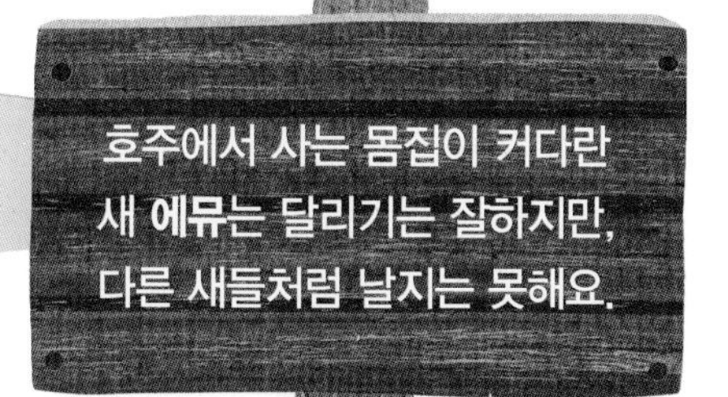

UNIT 6 대문자 F

● 점선을 따라 순서대로 써 보세요.

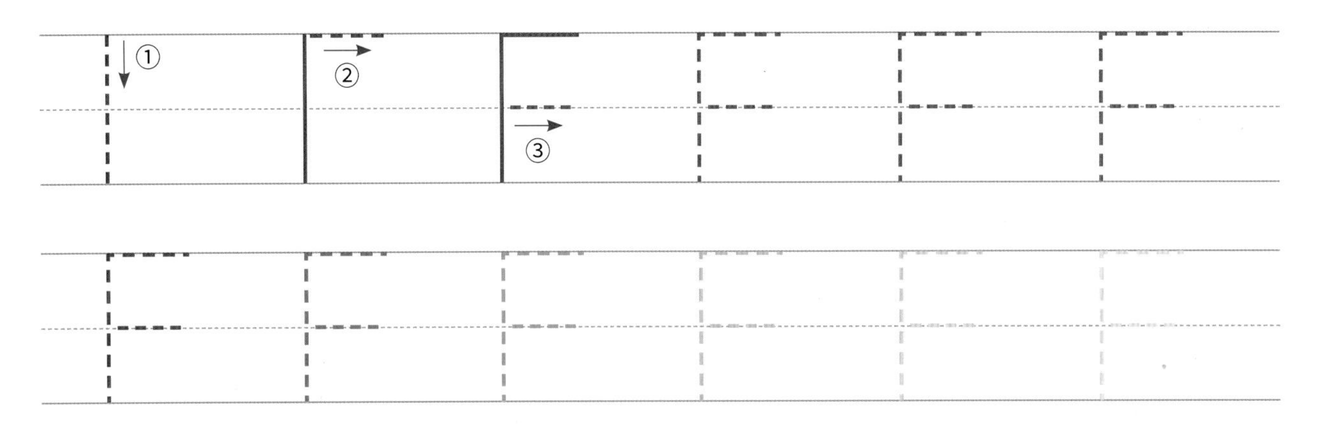

● 점을 이어서 써 보세요.

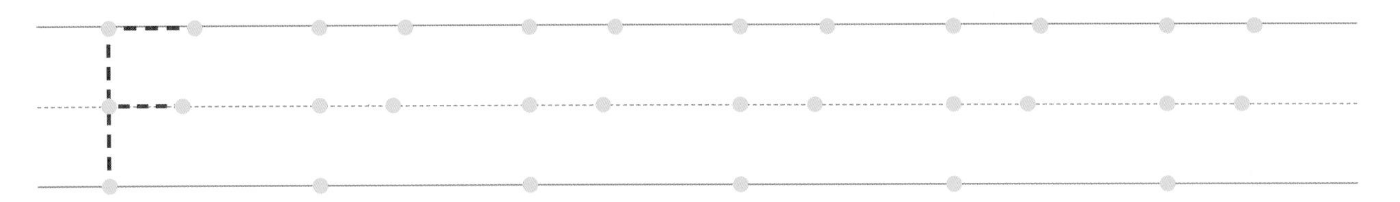

● 출발점부터 시작해서 써 보세요.

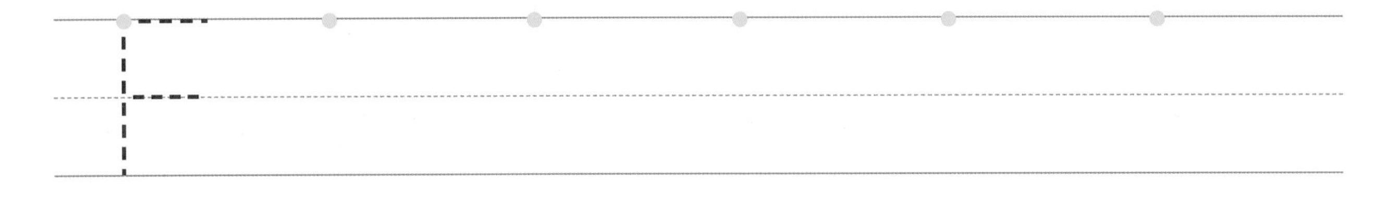

● 여우가 친구 물고기와 개구리를 만날 수 있도록 대문자 F를 따라가 보세요.

● F로 시작하는 동물들을 확인하고, 대문자 F를 예쁘게 써 보세요.

대문자 F 동물 이야기

FOX 여우, **FROG** 개구리, **FISH** 물고기

아직 F 동물 단어들은 암기하지 마세요. F로 시작한다는 것만 알려 주세요.

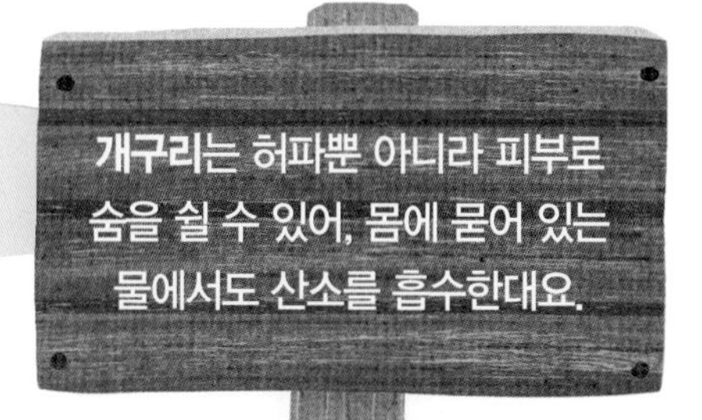

UNIT 7 대문자 G

- 점선을 따라 순서대로 써 보세요.

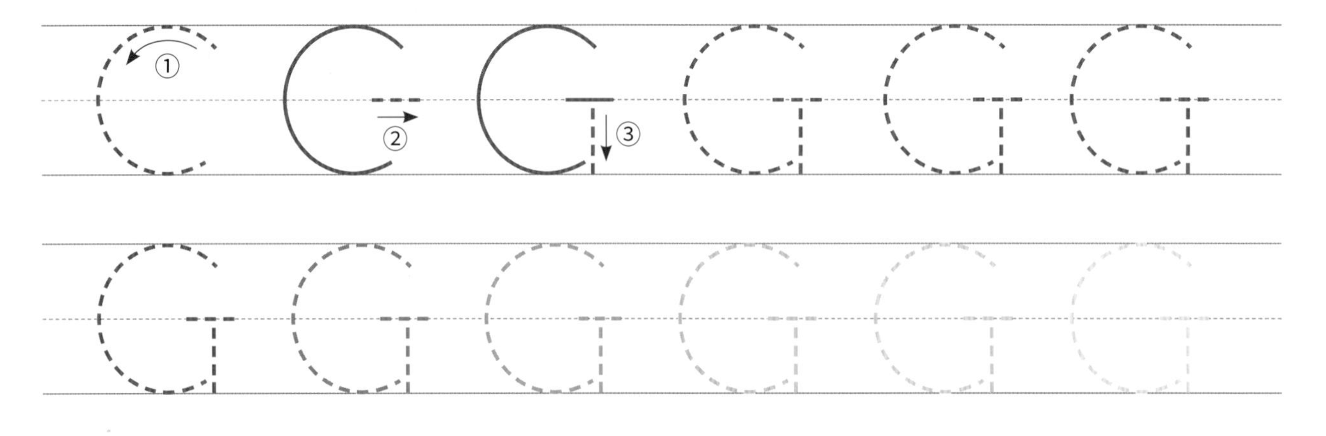

- 점을 이어서 써 보세요.

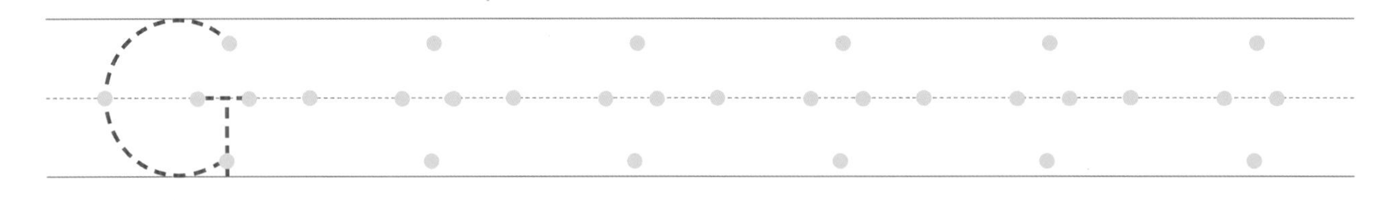

- 출발점부터 시작해서 써 보세요.

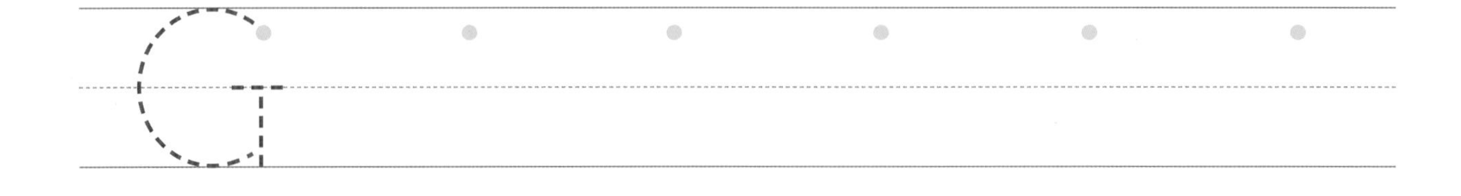

● 기린이 따 놓은 포도를 고릴라가 먹으려고 하네요. 대문자 G를 찾아 동그라미 하세요.

● G로 시작하는 동물들을 확인하고, 대문자 G를 예쁘게 써 보세요.

대문자 G 동물 이야기

GORILLA 고릴라, **GOAT** 염소, **GIRAFFE** 기린

아직 G 동물 단어들은 암기하지 마세요. G로 시작한다는 것만 알려 주세요.

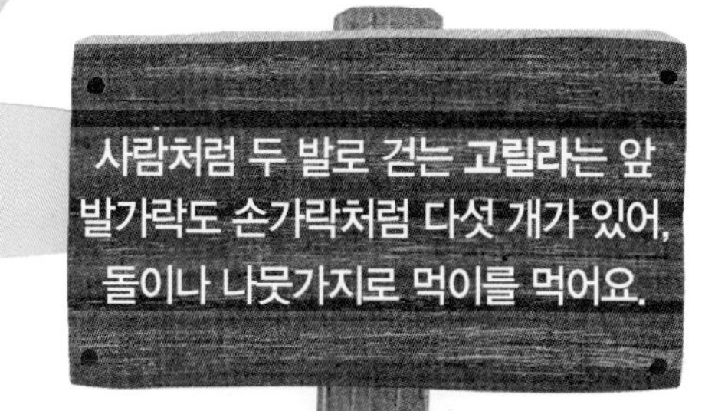

UNIT 8 대문자 H

● 점선을 따라 순서대로 써 보세요.

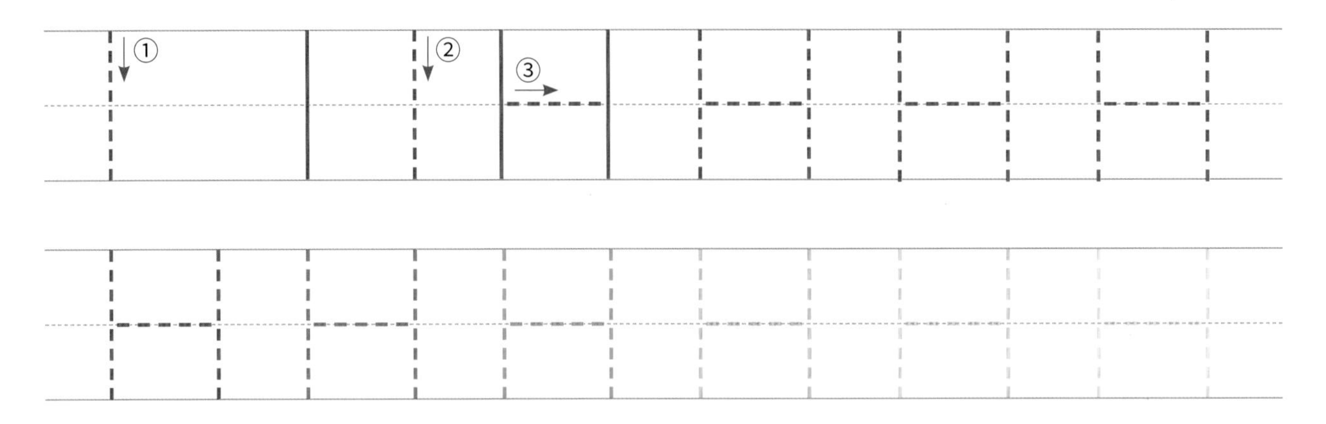

● 점을 이어서 써 보세요.

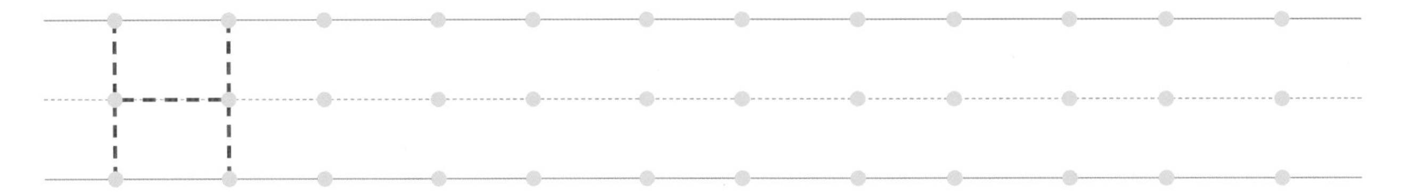

● 출발점부터 시작해서 써 보세요.

● 하마가 치과에 왔어요. 대문자 H를 찾아 색칠하세요.

● H로 시작하는 동물들을 확인하고, 대문자 H를 예쁘게 써 보세요.

대문자 H 동물 이야기

HIPPO 하마, **HORSE** 말, **HEDGEHOG** 고슴도치

아직 H 동물 단어들은 암기하지 마세요. H로 시작한다는 것만 알려 주세요.

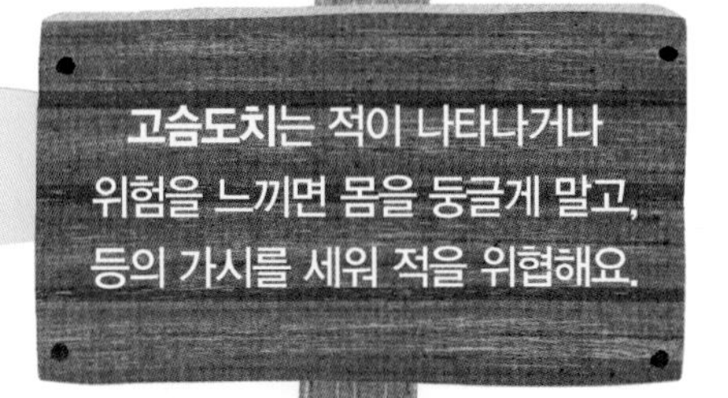

UNIT 9 대문자 I

I

나는 I(아이) 동물 이구아나야.
키가 얼마나 컸는지 볼까?

● 점선을 따라 순서대로 써 보세요.

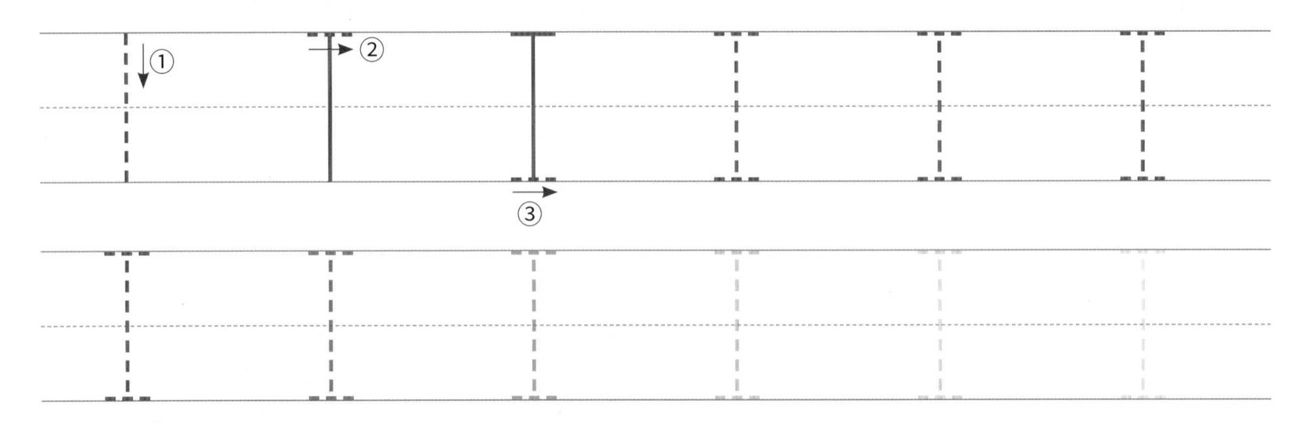

● 점을 이어서 써 보세요.

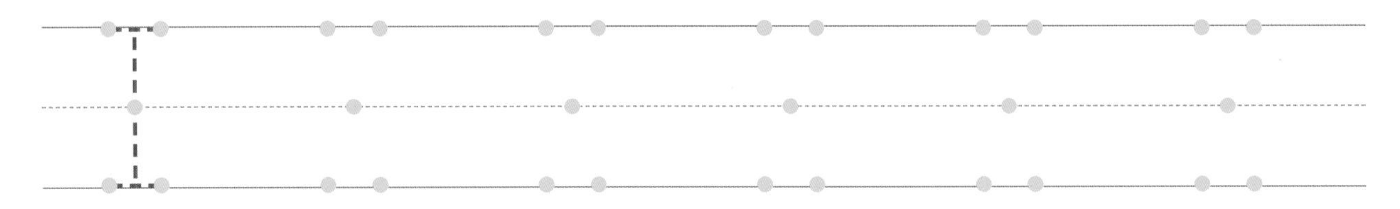

● 출발점부터 시작해서 써 보세요.

● 이구아나가 화가 났어요. 대문자 I를 따라 점을 연결하여, 이구아나를 그려 보세요.

● I로 시작하는 동물들을 확인하고, 대문자 I를 예쁘게 써 보세요.

대문자 I 동물 이야기

IGUANA 이구아나, **IMPALA** 임팔라, **IBIS** 따오기

아직 I 동물 단어들은 암기하지 마세요. I로 시작한다는 것만 알려 주세요.

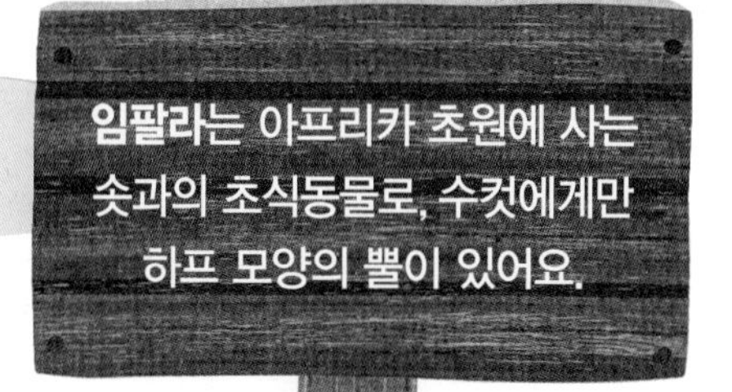

UNIT 10 대문자 J

● 점선을 따라 순서대로 써 보세요.

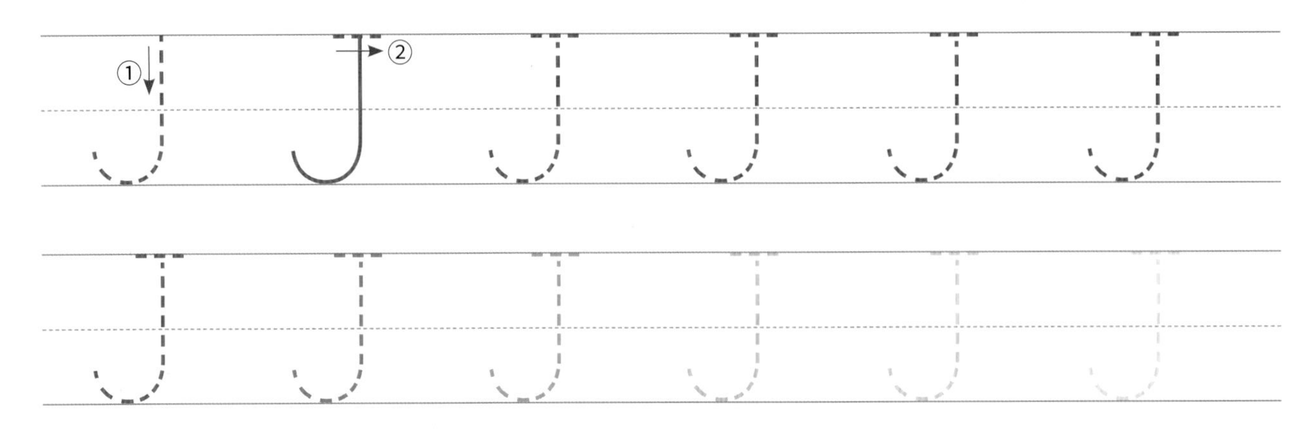

● 점을 이어서 써 보세요.

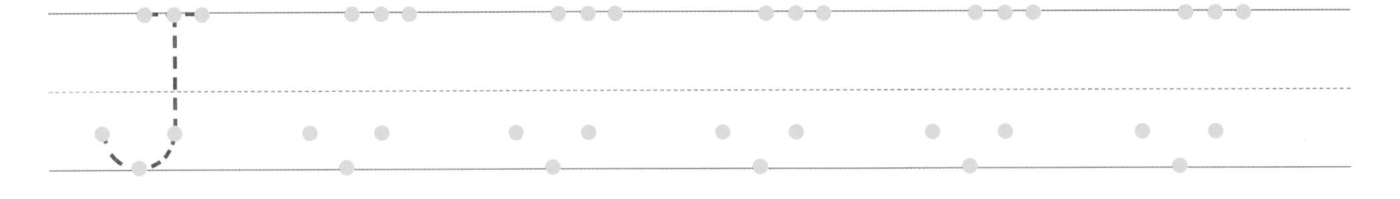

● 출발점부터 시작해서 써 보세요.

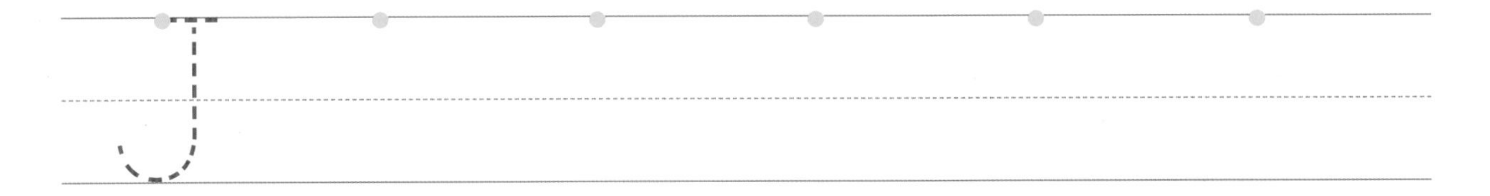

● 재규어가 낚시를 하다 사나운 해파리를 만났어요. 대문자 J를 찾아 동그라미 하세요.

● J로 시작하는 동물들을 확인하고, 대문자 J를 예쁘게 써 보세요.

대문자 J 동물 이야기

JAGUAR 재규어, **JACKAL** 자칼, **JELLYFISH** 해파리

아직 J 동물 단어들은 암기하지 마세요. J로 시작한다는 것만 알려 주세요.

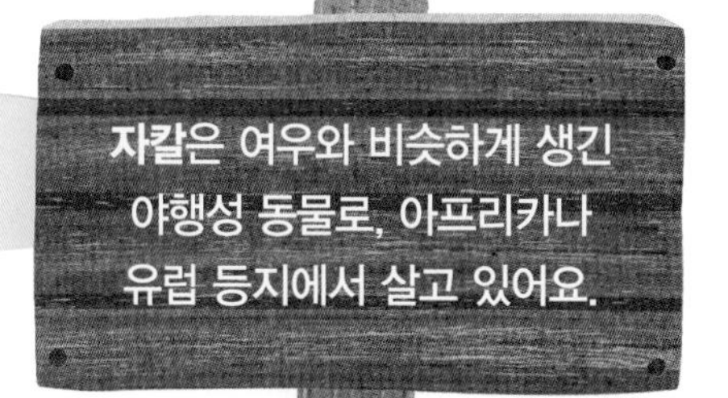

UNIT 11 대문자 K

● 점선을 따라 순서대로 써 보세요.

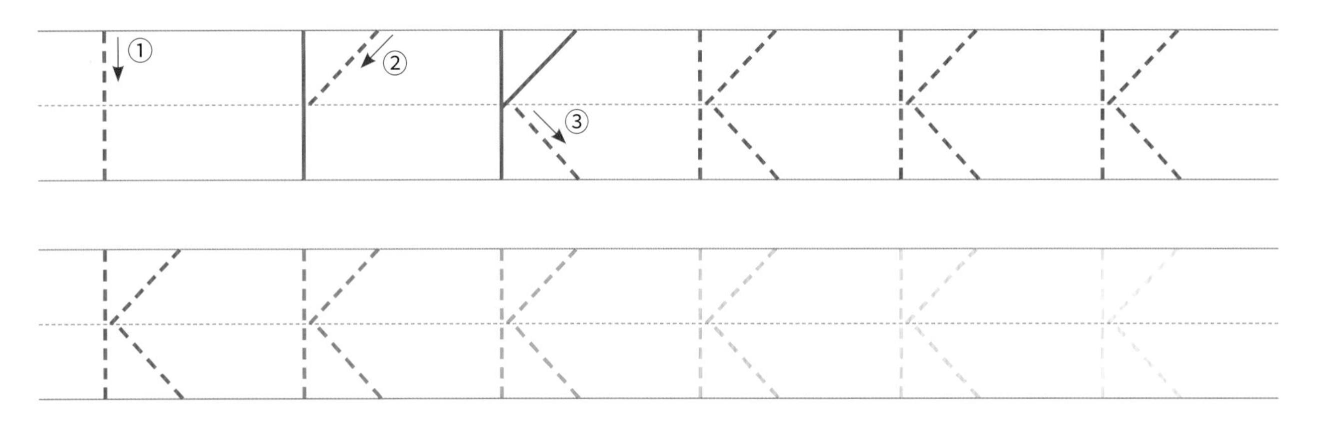

● 점을 이어서 써 보세요.

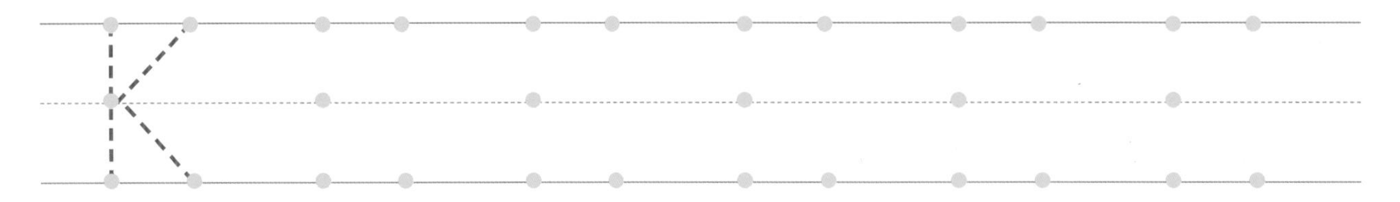

● 출발점부터 시작해서 써 보세요.

● 캥거루가 복싱을 하고 있어요. 대문자 K가 쓰여진 옷에 스티커를 붙이세요.

● K로 시작하는 동물들을 확인하고, 대문자 K를 예쁘게 써 보세요.

대문자 K 동물 이야기

KOALA 코알라, **KANGAROO** 캥거루, **KIWI** 키위 새

아직 K 동물 단어들은 암기하지 마세요. K로 시작한다는 것만 알려 주세요.

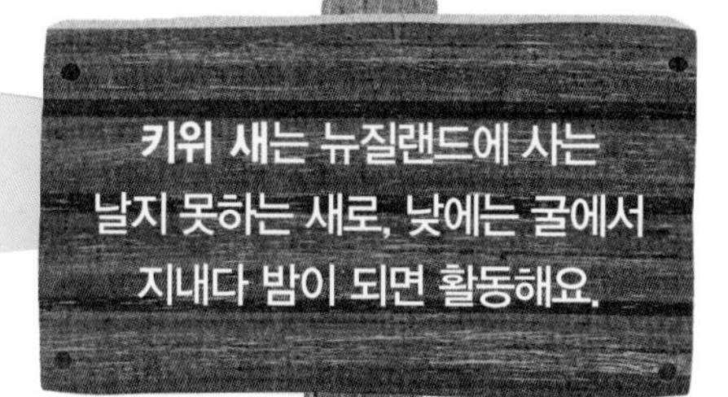

UNIT 12 대문자 L

● 점선을 따라 순서대로 써 보세요.

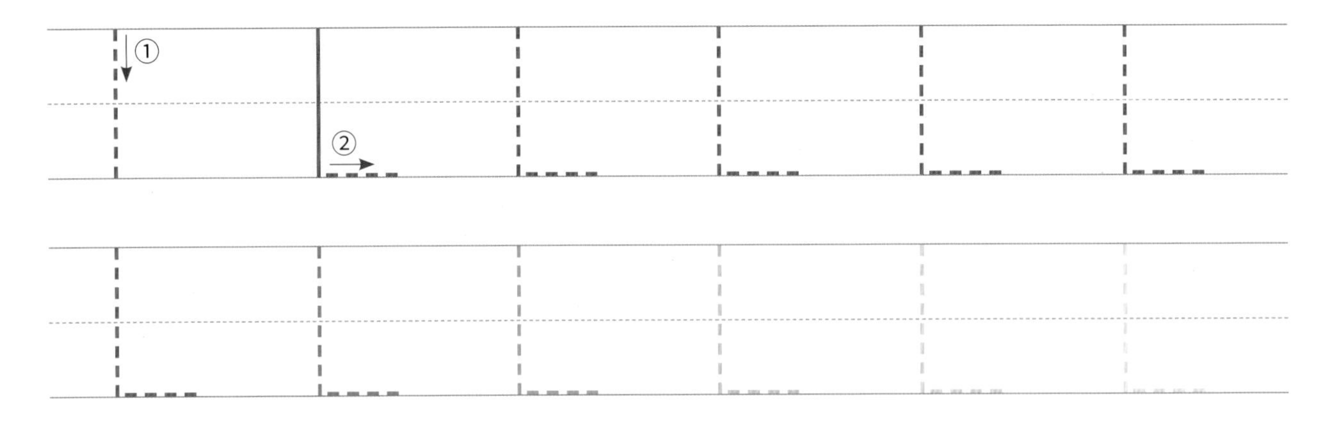

● 점을 이어서 써 보세요.

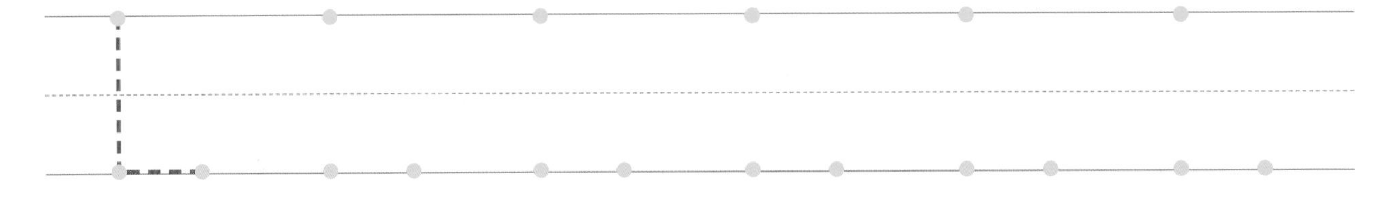

● 출발점부터 시작해서 써 보세요.

● 사자가 친구 표범과 도마뱀을 만날 수 있도록 대문자 L을 따라가 보세요 .

● L로 시작하는 동물들을 확인하고, 대문자 L을 예쁘게 써 보세요.

대문자 L 동물 이야기

LION 사자, **LEOPARD** 표범, **LIZARD** 도마뱀

아직 L 동물 단어들은 암기하지 마세요. L로 시작한다는 것만 알려 주세요.

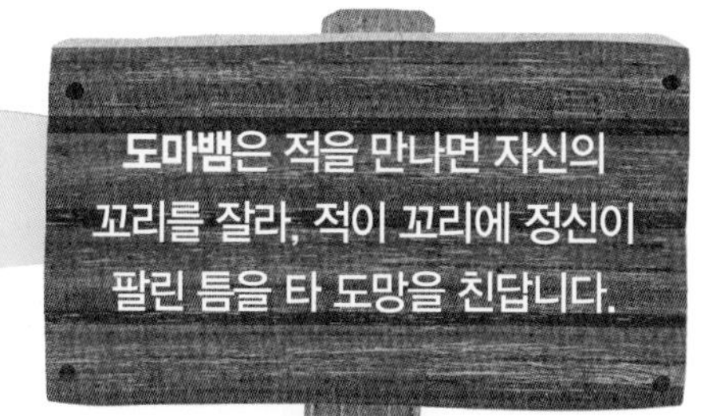

UNIT 13 대문자 M

● 점선을 따라 순서대로 써 보세요.

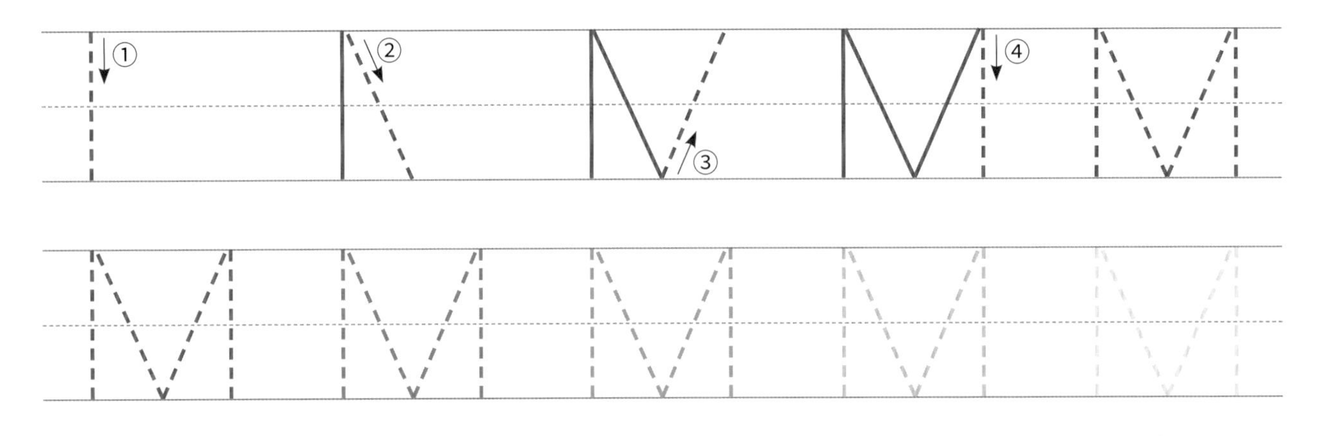

● 점을 이어서 써 보세요.

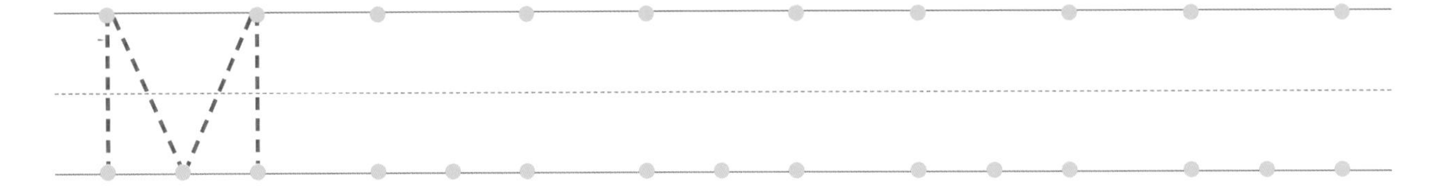

● 출발점부터 시작해서 써 보세요.

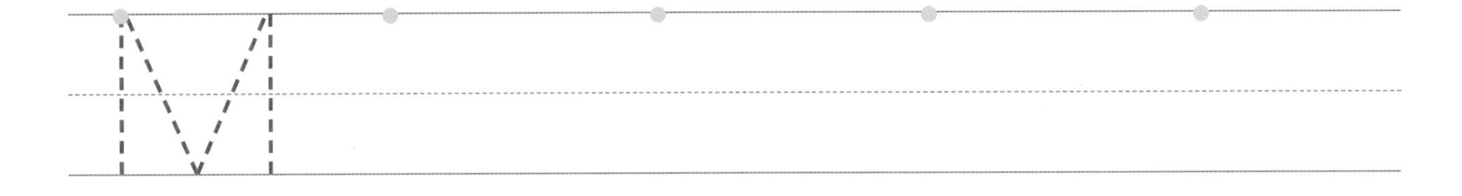

● 동물들이 절벽에 아슬아슬하게 매달려 있어요. 대문자 M을 찾아 동그라미 하세요.

● M으로 시작하는 동물들을 확인하고, 대문자 M을 예쁘게 써 보세요.

대문자 M 동물 이야기

MONKEY 원숭이, **MOUSE** 쥐, **MOOSE** 무스

아직 M 동물 단어들은 암기하지 마세요. M으로 시작한다는 것만 알려 주세요.

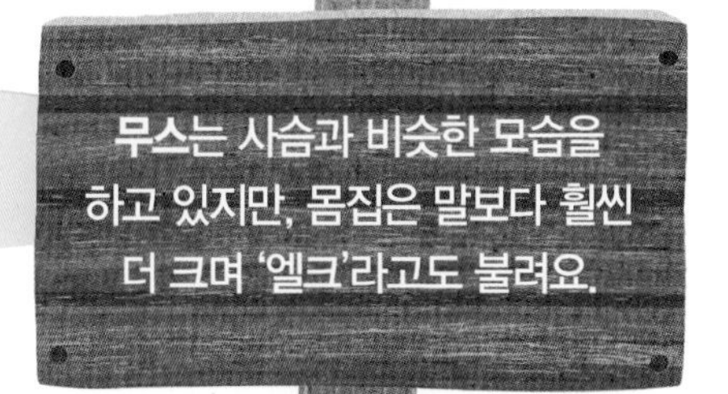

UNIT 14 대문자 N

• 점선을 따라 순서대로 써 보세요.

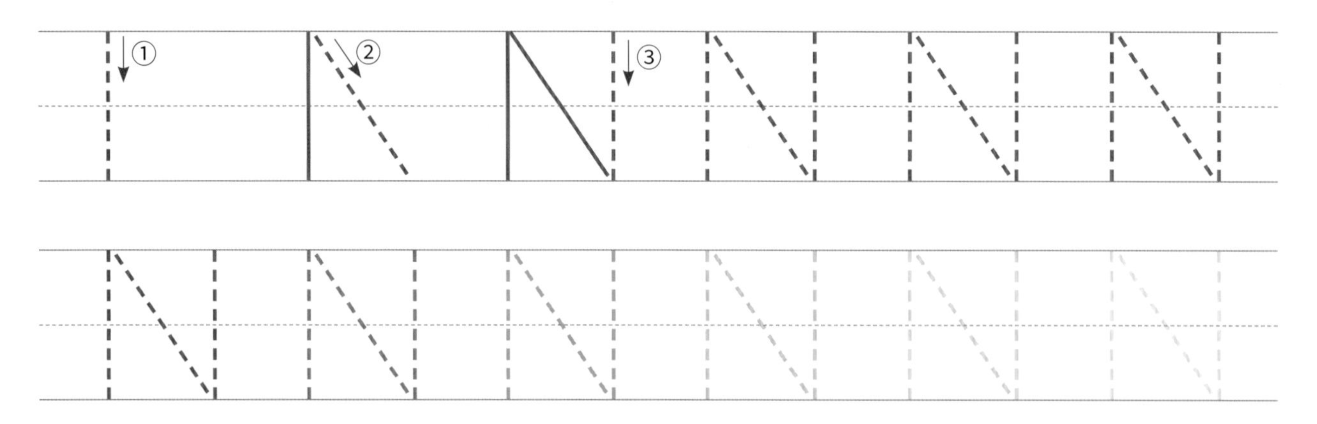

• 점을 이어서 써 보세요.

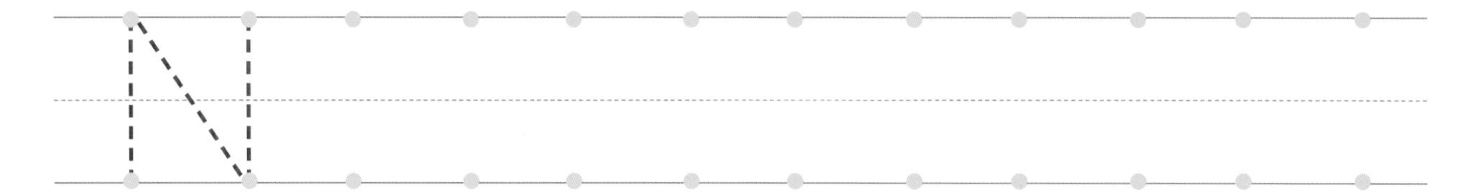

• 출발점부터 시작해서 써 보세요.

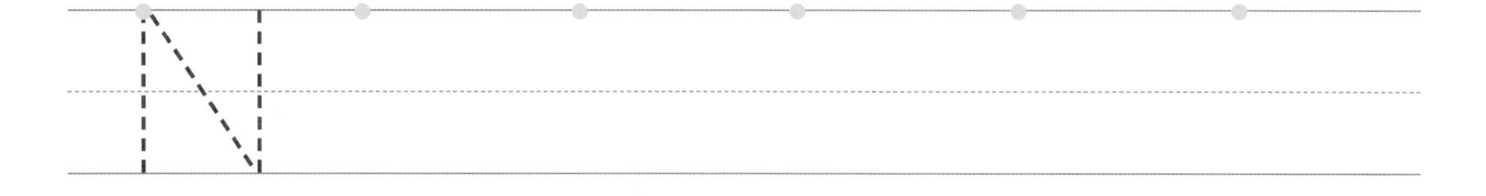

● 뉴트리아가 잡힐 줄도 모르고 유유히 헤엄치고 있어요. 대문자 N을 찾아 색칠하세요.

● N으로 시작하는 동물들을 확인하고, 대문자 N을 예쁘게 써 보세요.

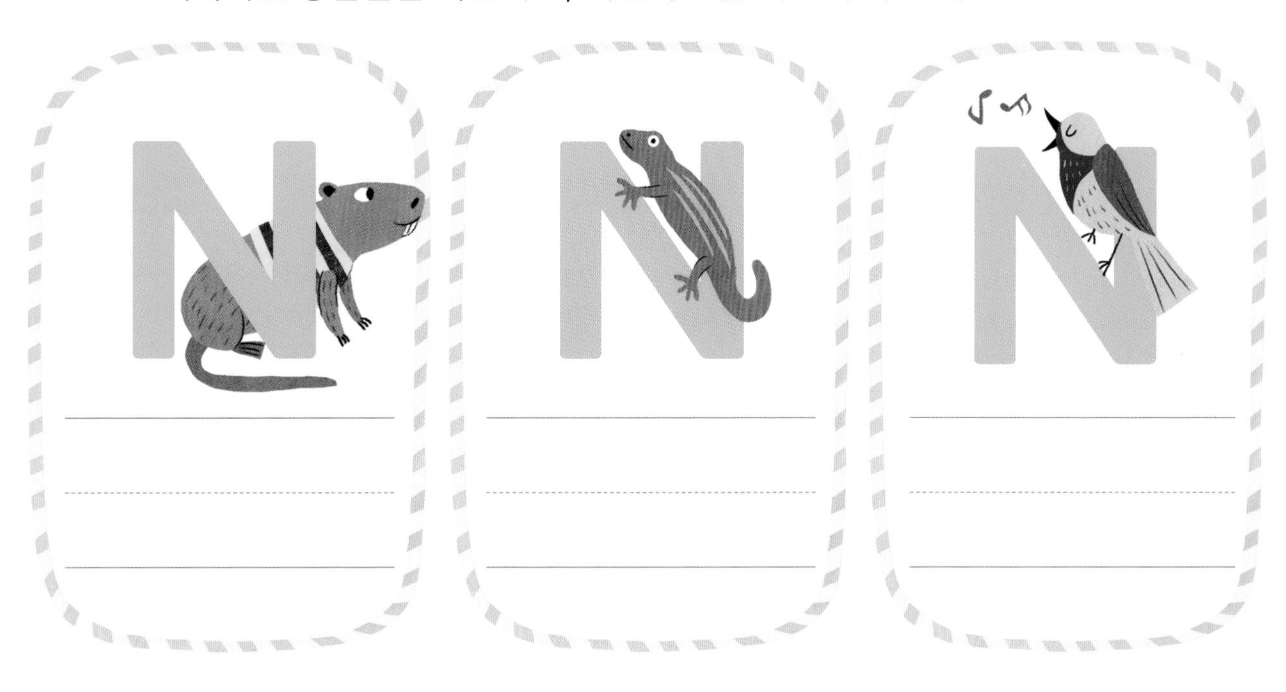

대문자 N 동물 이야기

NUTRIA 뉴트리아, **NEWT** 영원, **NIGHTINGALE** 나이팅게일

아직 N 동물 단어들은 암기하지 마세요. N으로 시작한다는 것만 알려 주세요.

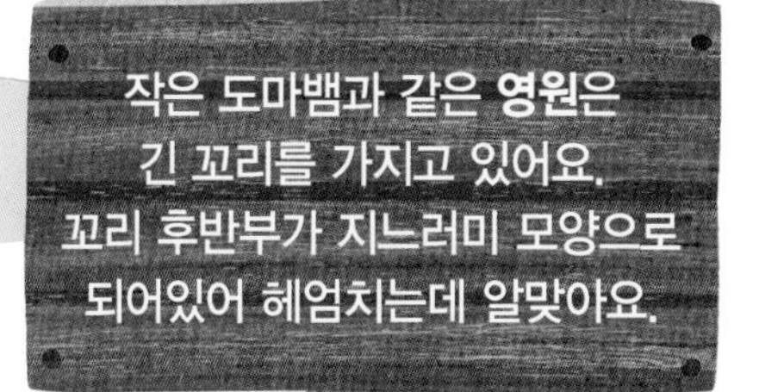

UNIT 15 대문자 O

● 점선을 따라 순서대로 써 보세요.

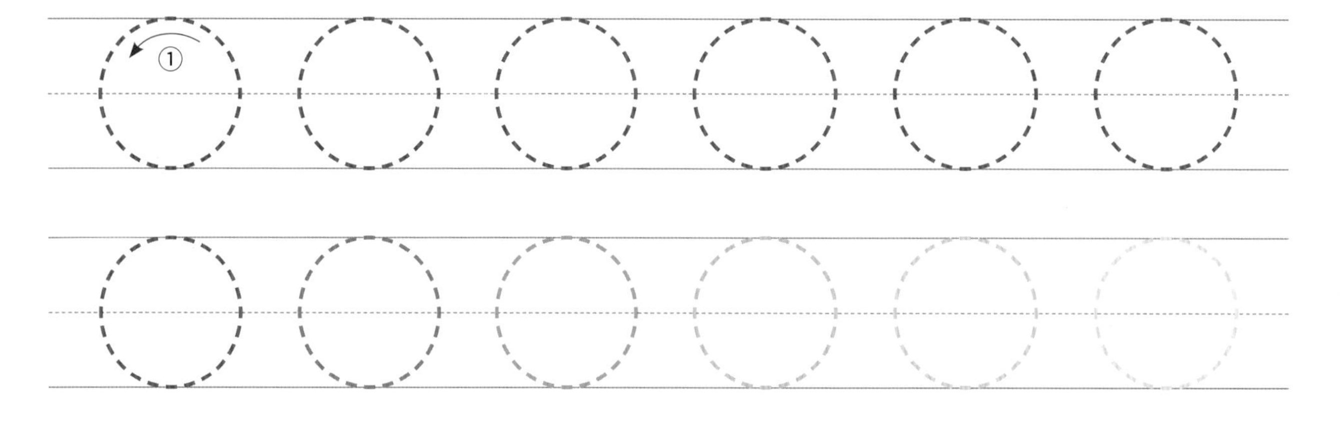

● 점을 이어서 써 보세요.

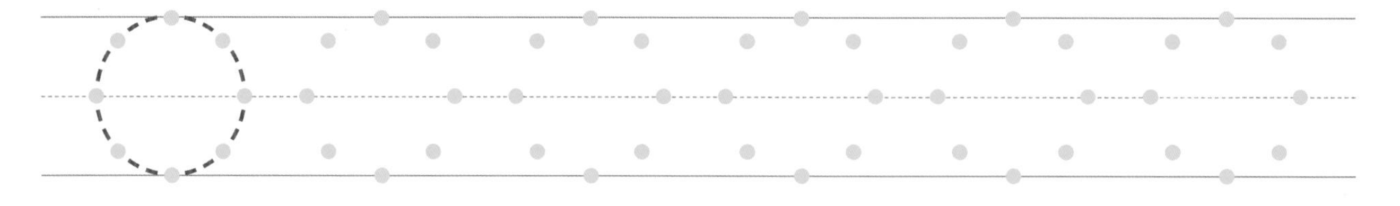

● 출발점부터 시작해서 써 보세요.

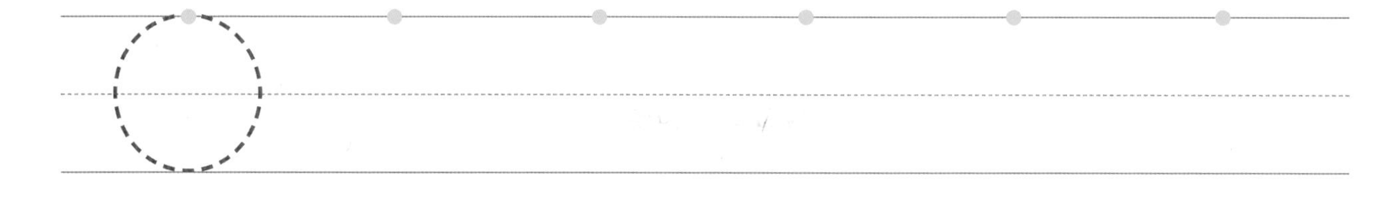

● 오랑우탄이 줄타기를 하네요. 대문자 O를 따라 점을 연결하여 오랑우탄을 그려 보세요.

● O로 시작하는 동물들을 확인하고, 대문자 O를 예쁘게 써 보세요.

대문자 O 동물 이야기

ORANGUTAN 오랑우탄, **OWL** 부엉이·올빼미, **OCTOPUS** 문어

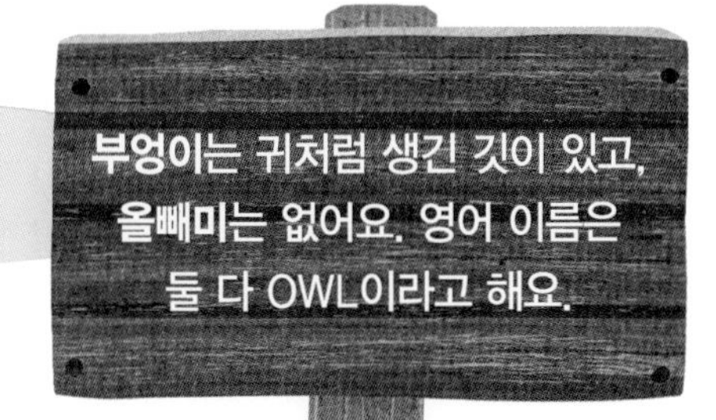

아직 O 동물 단어들은 암기하지 마세요. O로 시작한다는 것만 알려 주세요.

UNIT 16 대문자 P

● 점선을 따라 순서대로 써 보세요.

● 점을 이어서 써 보세요.

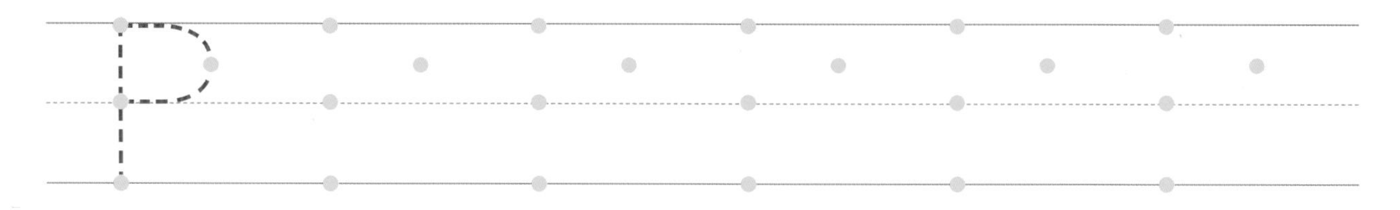

● 출발점부터 시작해서 써 보세요.

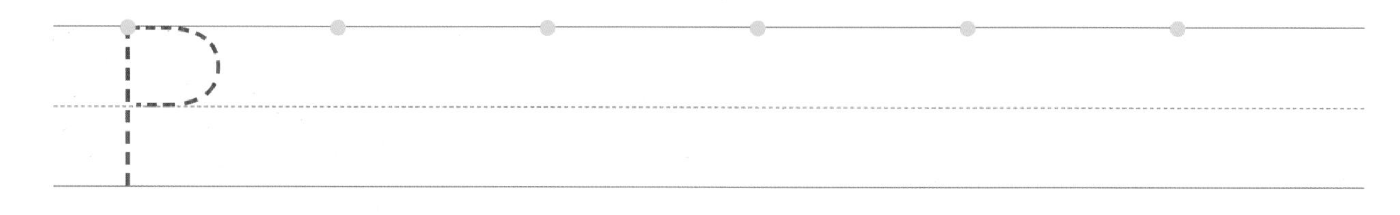

● 동물들이 운동회를 하고 있어요. 대문자 P를 찾아 스티커를 붙이세요.

● P로 시작하는 동물들을 확인하고, 대문자 P를 예쁘게 써 보세요.

대문자 P 동물 이야기

PIG 돼지, **PANDA** 판다, **PENGUIN** 펭귄

아직 P 동물 단어들은 암기하지 마세요. P로 시작한다는 것만 알려 주세요.

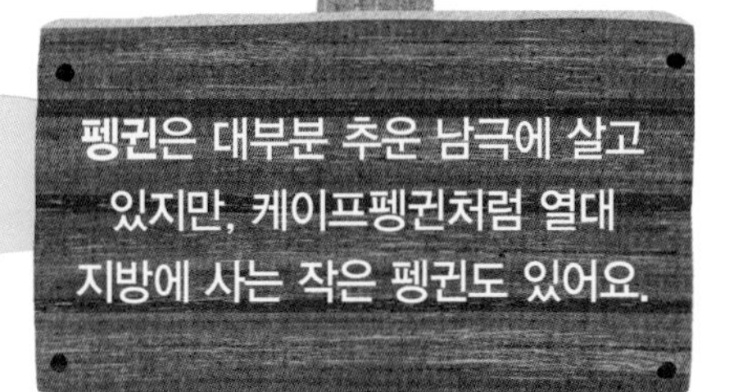

UNIT 17 대문자 Q

● 점선을 따라 순서대로 써 보세요.

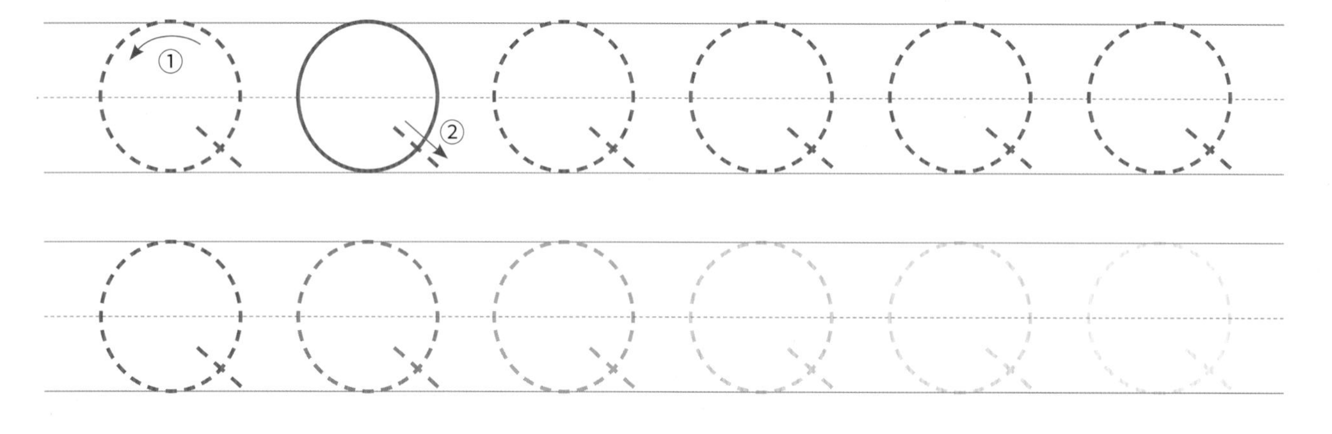

● 점을 이어서 써 보세요.

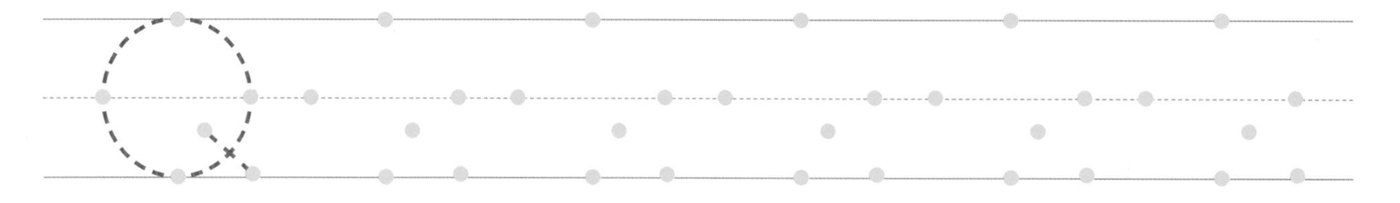

● 출발점부터 시작해서 써 보세요.

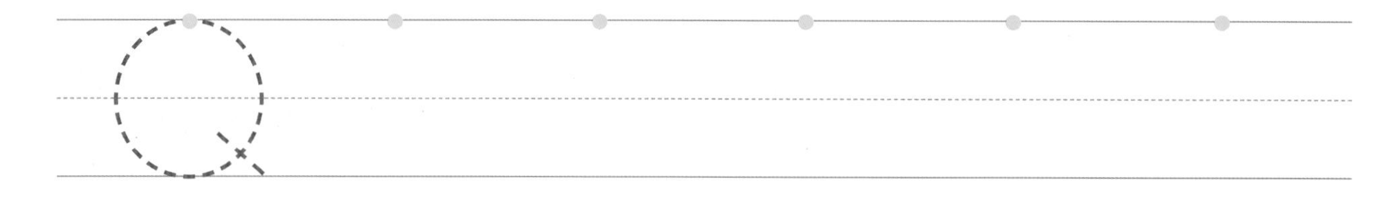

● 욕심 많은 여왕벌이 왕관을 훔쳐 도망가네요. 대문자 Q를 찾아 동그라미 하세요.

● Q로 시작하는 동물들을 확인하고, 대문자 Q를 예쁘게 써 보세요.

대문자 Q 동물 이야기

QUAIL 메추라기, **QUEEN BEE** 여왕벌

아직 Q 동물 단어들은 암기하지 마세요. Q로 시작한다는 것만 알려 주세요.

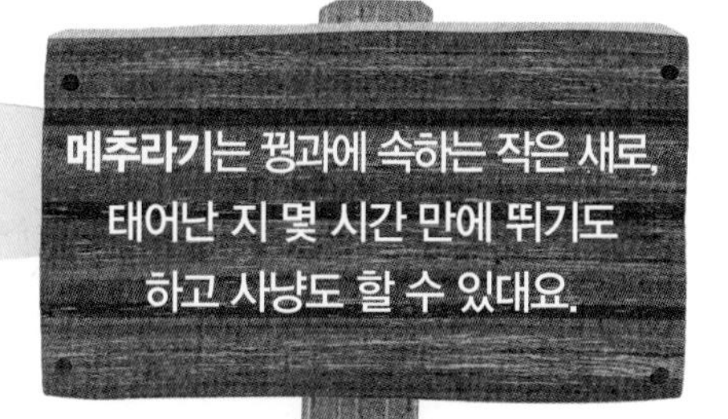

UNIT 18 대문자 R

● 점선을 따라 순서대로 써 보세요.

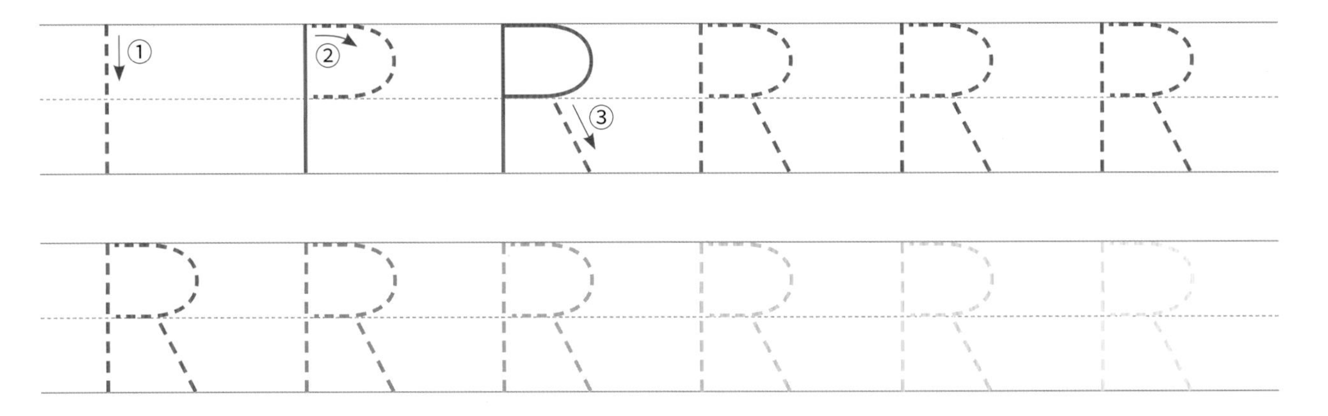

● 점을 이어서 써 보세요.

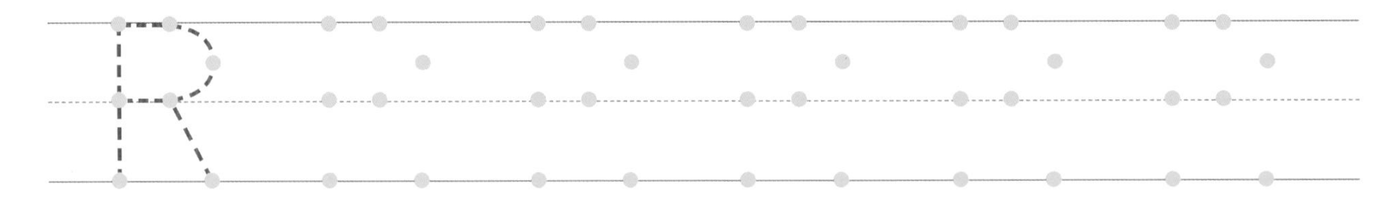

● 출발점부터 시작해서 써 보세요.

● 토끼가 친구 너구리와 코뿔소를 만날 수 있도록 대문자 R을 따라가 보세요.

● R로 시작하는 동물들을 확인하고, 대문자 R을 예쁘게 써 보세요.

대문자 R 동물 이야기

RABBIT 토끼, **RACCOON** 너구리, **RHINO** 코뿔소

아직 R 동물 단어들은 암기하지 마세요. R로 시작한다는 것만 알려 주세요.

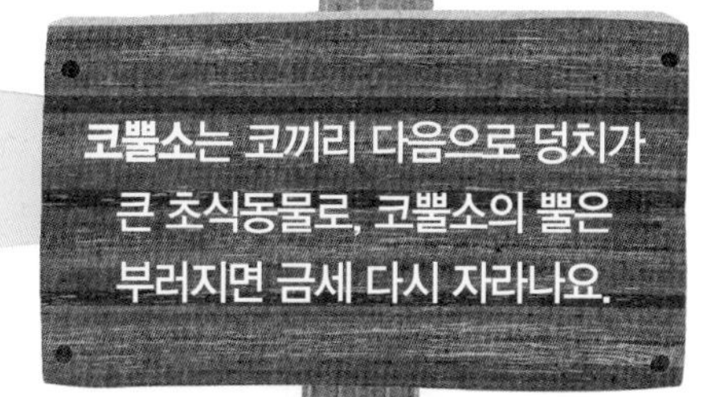

UNIT 19 대문자 S

● 점선을 따라 순서대로 써 보세요.

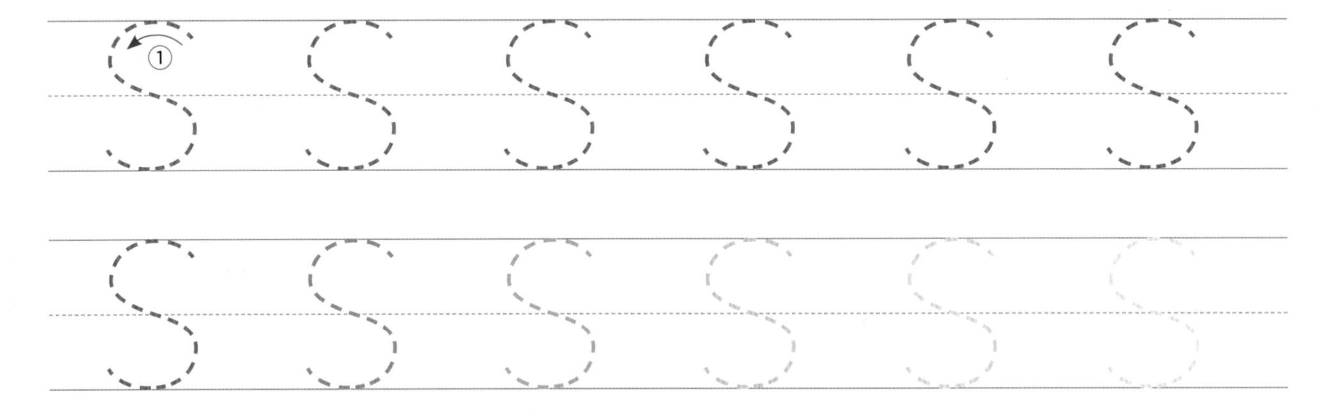

● 점을 이어서 써 보세요.

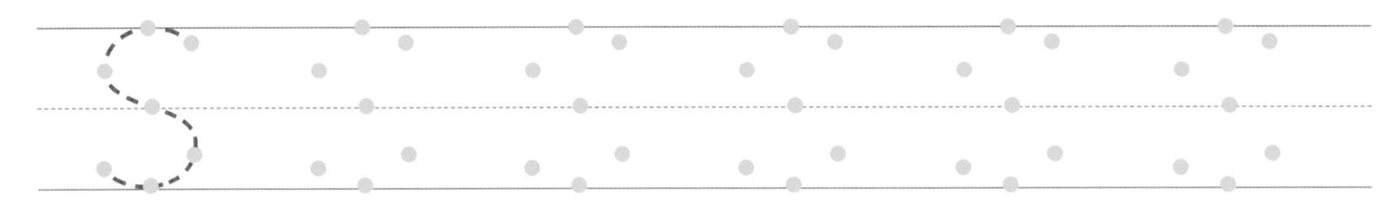

● 출발점부터 시작해서 써 보세요.

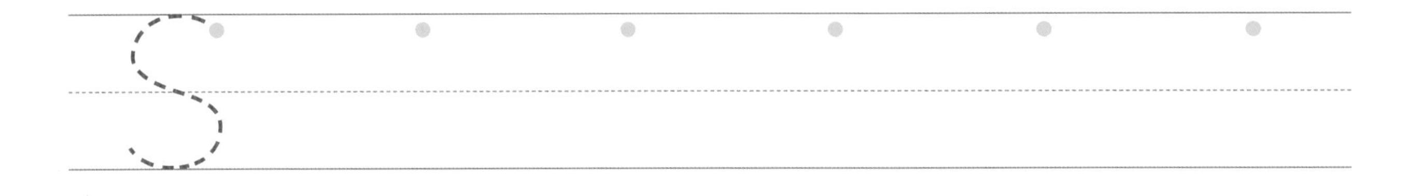

● 대문자 S를 파란색으로 색칠하세요. 어떤 동물이 될까요?

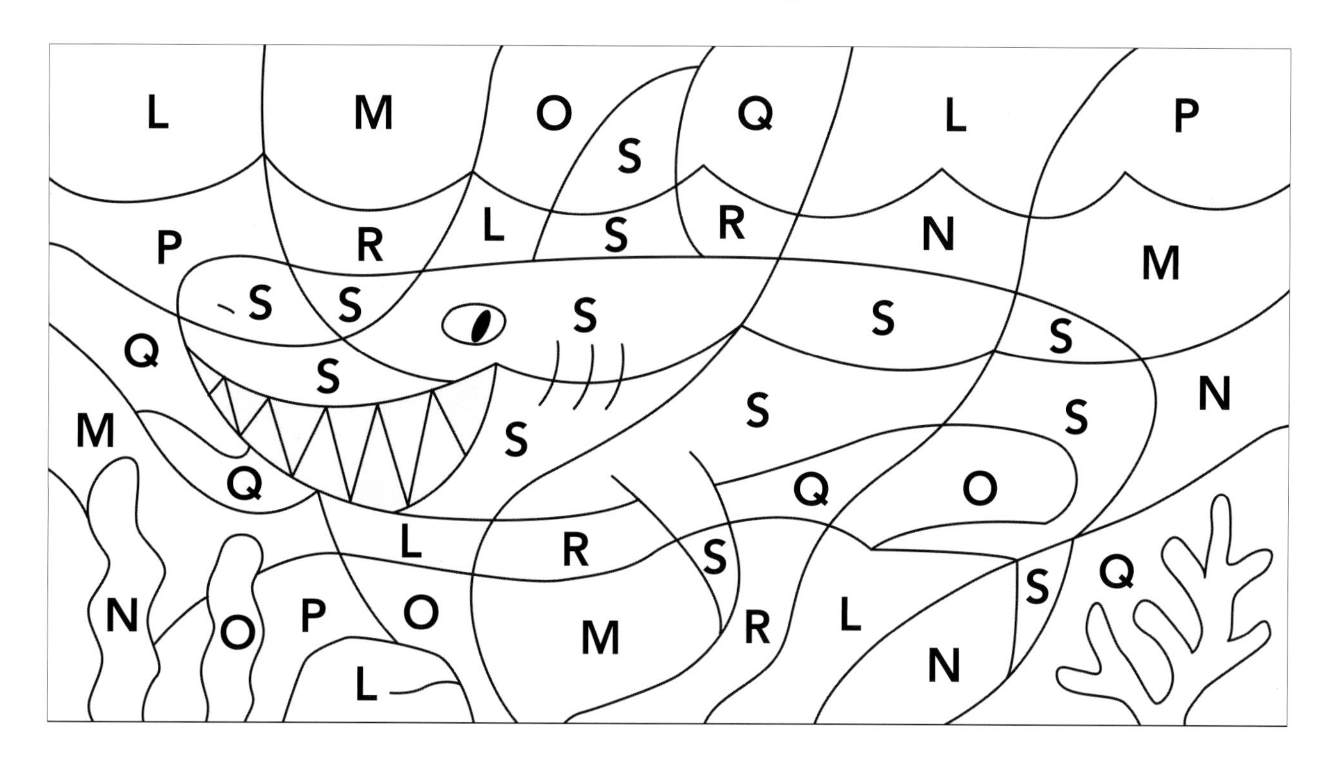

● S로 시작하는 동물들을 확인하고, 대문자 S를 예쁘게 써 보세요.

대문자 S 동물 이야기

SHEEP 양, **SHARK** 상어, **SNAKE** 뱀

아직 S 동물 단어들은 암기하지 마세요. S로 시작한다는 것만 알려 주세요.

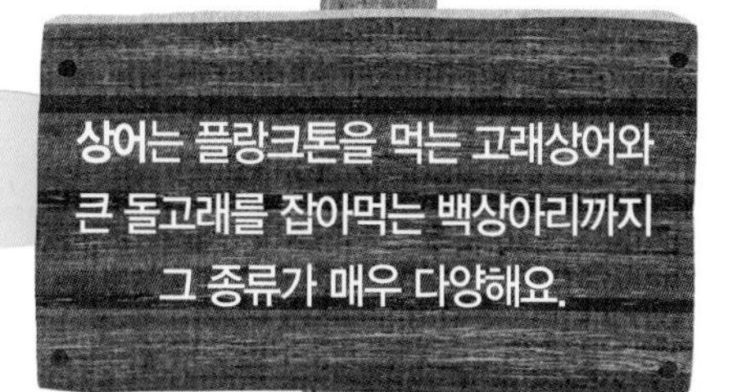

UNIT 20 대문자 T

● 점선을 따라 순서대로 써 보세요.

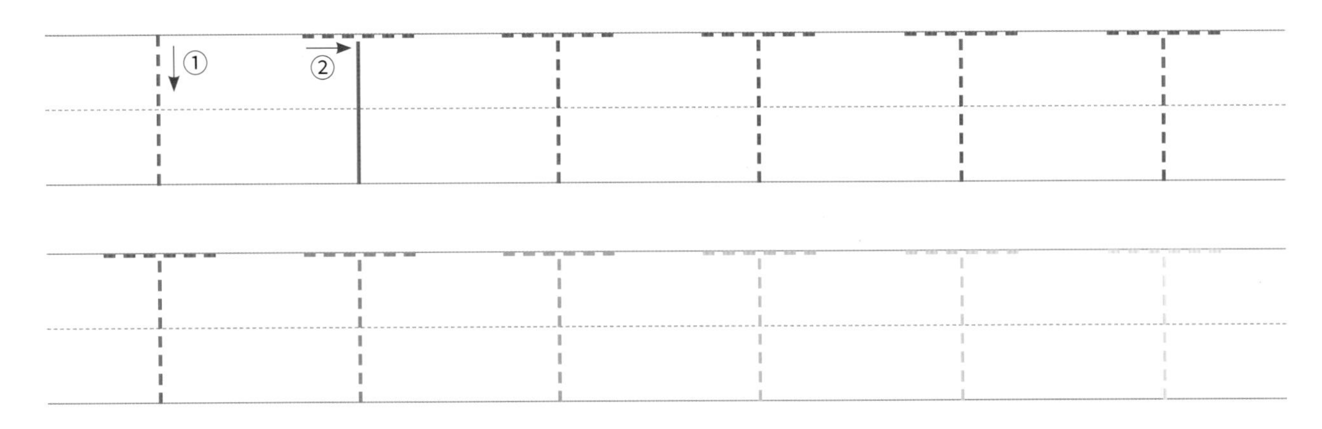

● 점을 이어서 써 보세요.

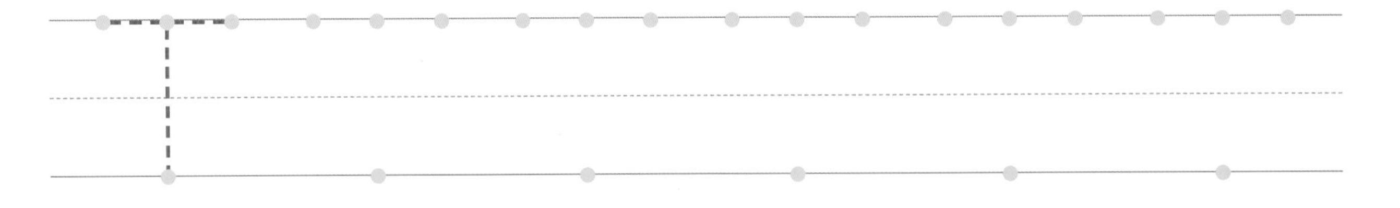

● 출발점부터 시작해서 써 보세요.

● 호랑이와 티라노사우루스는 무슨 일로 싸울까요? 대문자 T를 찾아 동그라미 하세요.

● T로 시작하는 동물들을 확인하고, 대문자 T를 예쁘게 써 보세요.

대문자 T 동물 이야기

TIGER 호랑이, **TURTLE** 거북이, **T-REX** 티라노사우르스

아직 T 동물 단어들은 암기하지 마세요. T로 시작한다는 것만 알려 주세요.

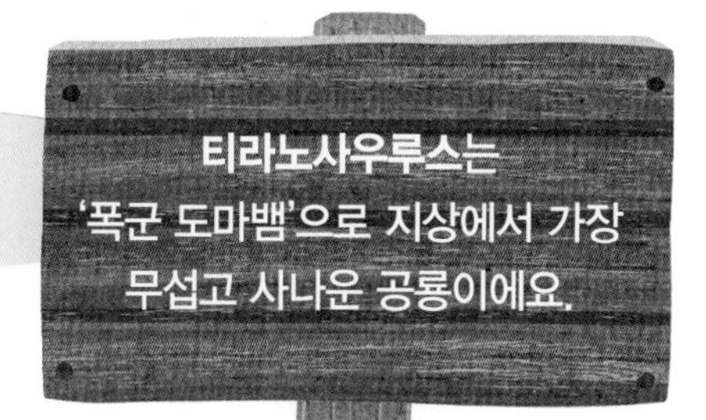

UNIT 21 대문자 U

● 점선을 따라 순서대로 써 보세요.

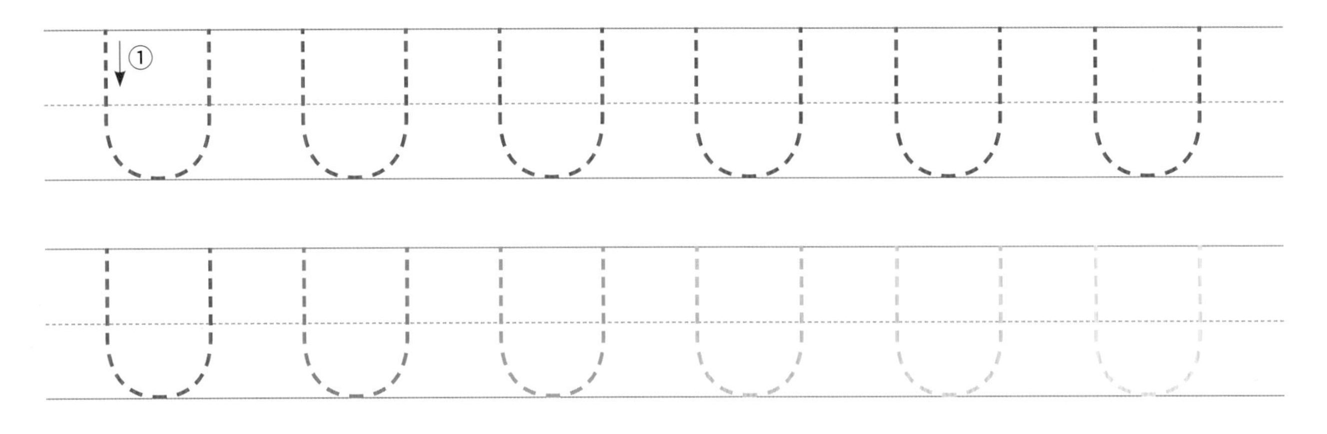

● 점을 이어서 써 보세요.

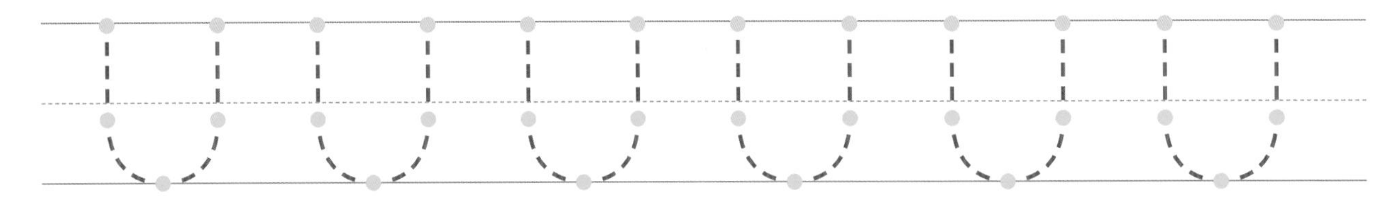

● 출발점부터 시작해서 써 보세요.

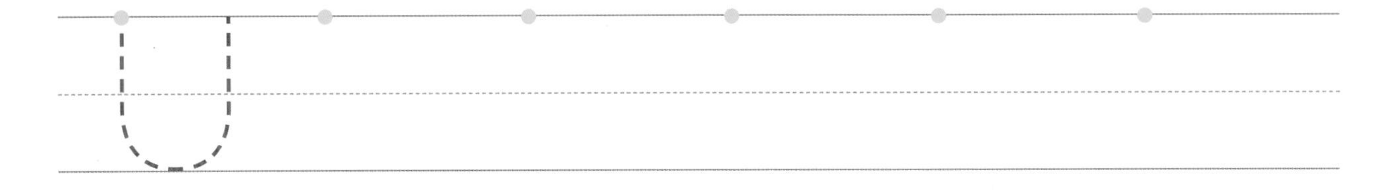

● 유니콘이 친구 우산새를 만날 수 있도록 대문자 U를 따라가 보세요.

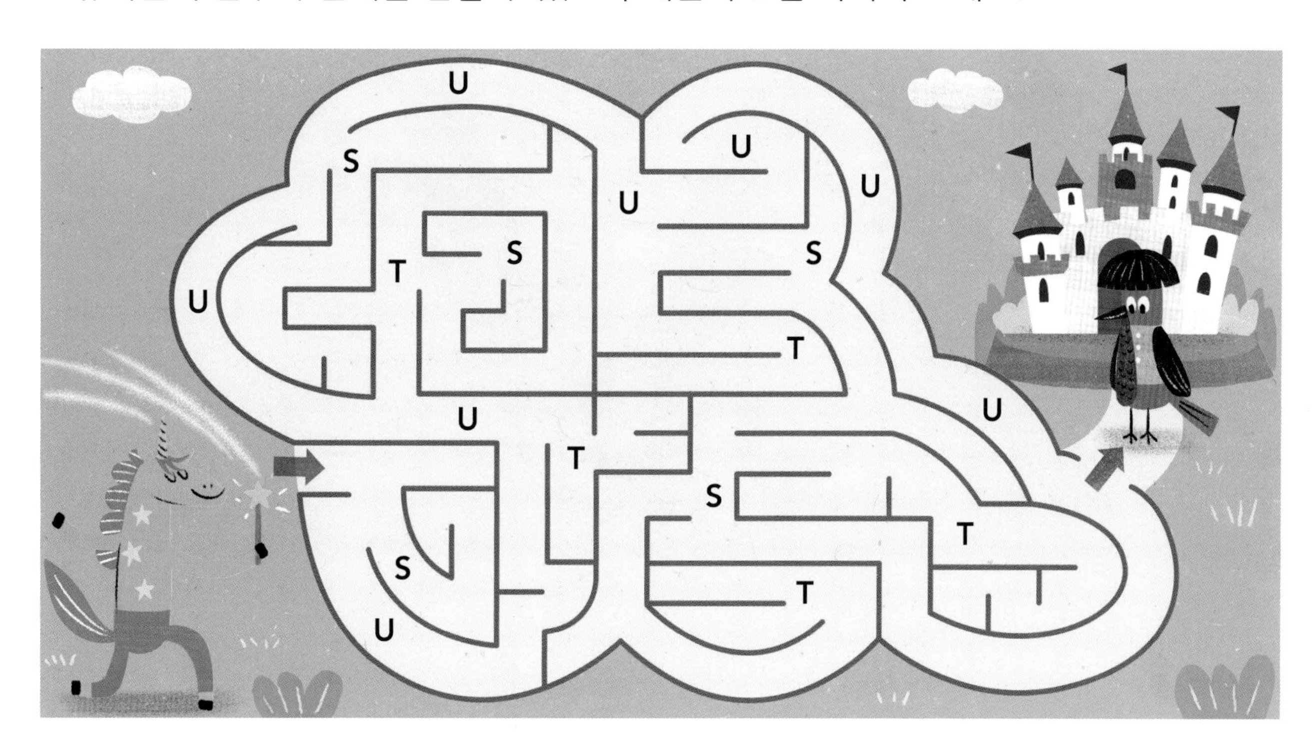

● U로 시작하는 동물들을 확인하고, 대문자 U를 예쁘게 써 보세요.

대문자 U 동물 이야기

UNICORN 유니콘, **UMBRELLA BIRD** 우산새

아직 U 동물 단어들은 암기하지 마세요. U로 시작한다는 것만 알려 주세요.

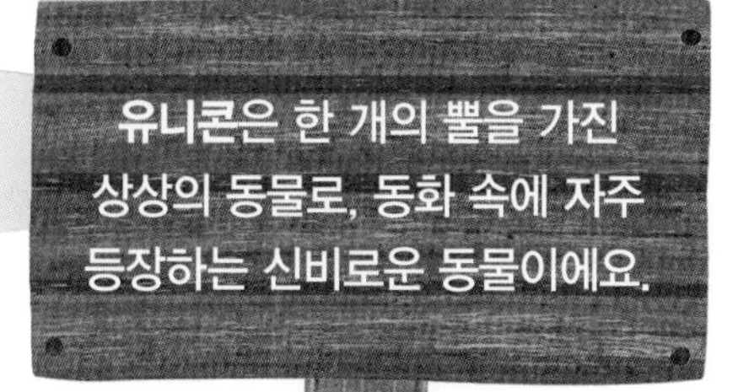

UNIT 22 대문자 V

● 점선을 따라 순서대로 써 보세요.

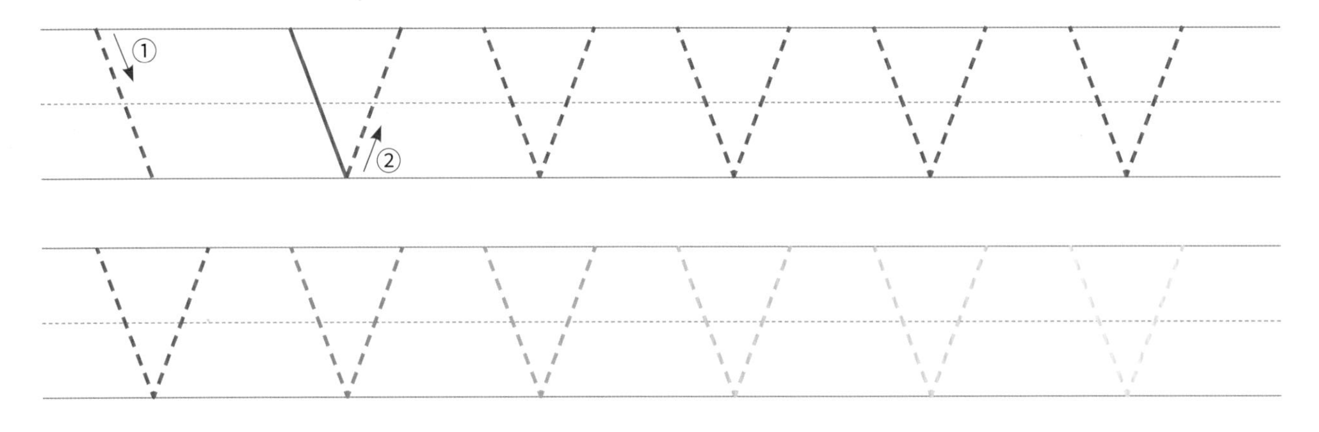

● 점을 이어서 써 보세요.

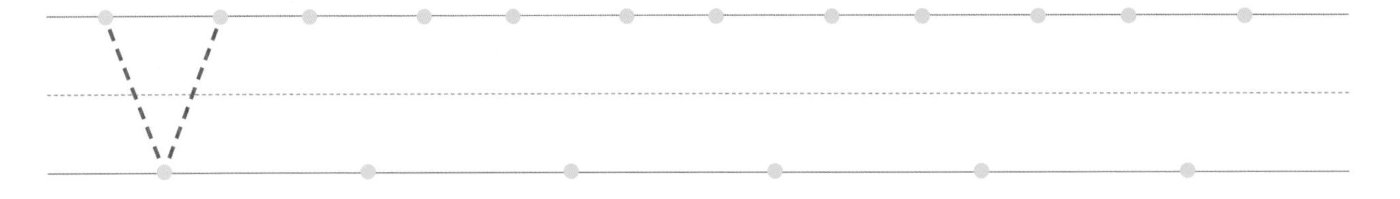

● 출발점부터 시작해서 써 보세요.

● 동굴 안에 어떤 동물들이 있는지 살펴 볼까요? 대문자 V를 찾아 동그라미 하세요.

● V로 시작하는 동물들을 확인하고, 대문자 V를 예쁘게 써 보세요.

대문자 V 동물 이야기

VULTURE 독수리, **VOLE** 들쥐, **VAMPIRE BAT** 흡혈 박쥐

아직 V 동물 단어들은 암기하지 마세요. V로 시작한다는 것만 알려 주세요.

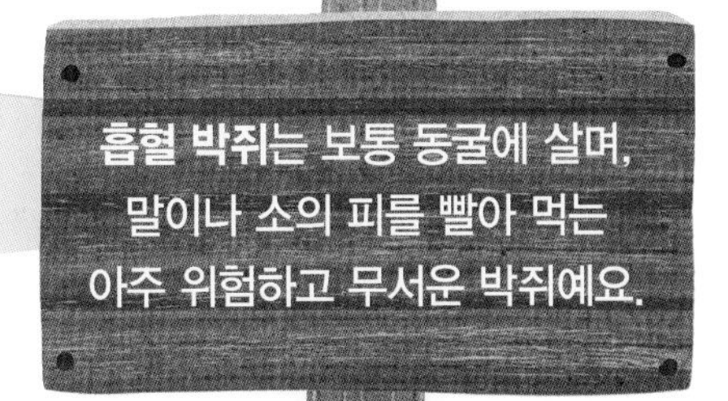

UNIT 23 대문자 W

W

● 점선을 따라 순서대로 써 보세요.

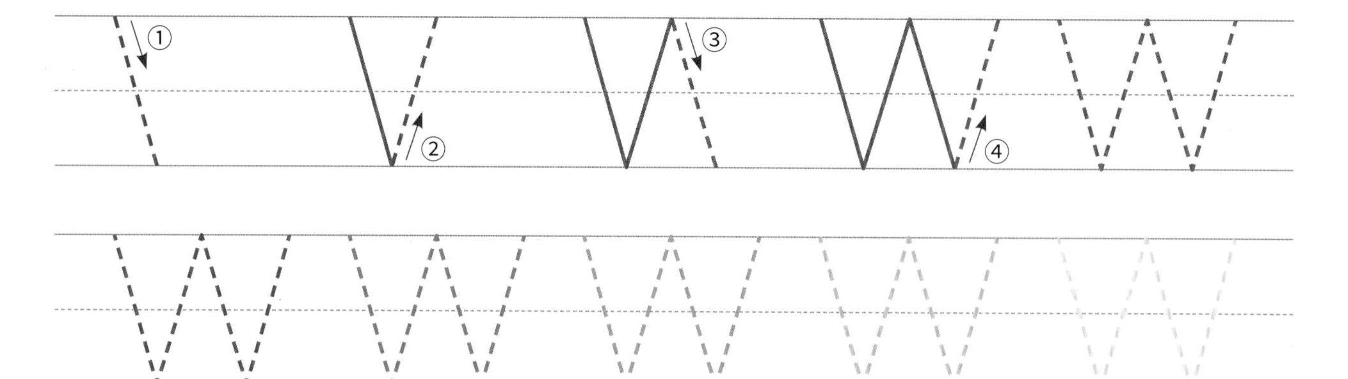

● 점을 이어서 써 보세요.

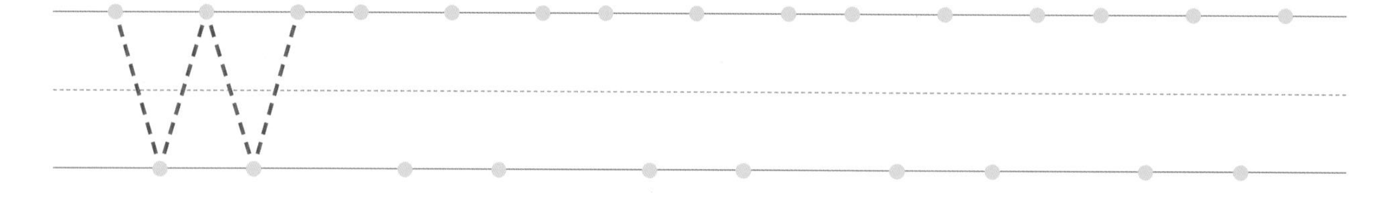

● 출발점부터 시작해서 써 보세요.

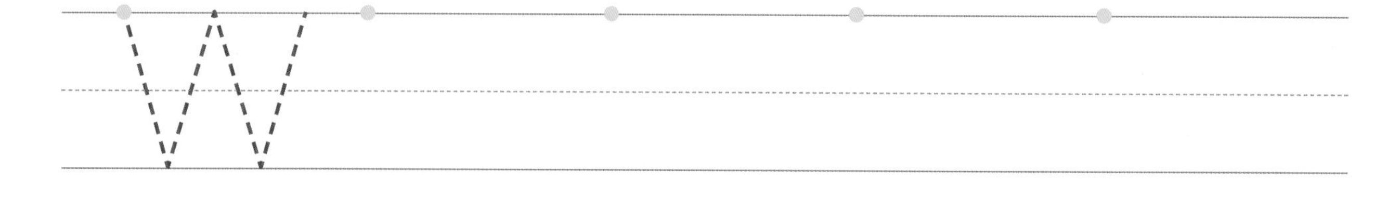

● 늑대가 친구들과 맛있게 수박을 먹고 있어요. 대문자 W를 찾아 스티커를 붙이세요.

● W로 시작하는 동물들을 확인하고, 대문자 W를 예쁘게 써 보세요.

대문자 W 동물 이야기

WOLF 늑대, **WORM** 벌레, **WHALE** 고래

아직 W 동물 단어들은 암기하지 마세요. W로 시작한다는 것만 알려 주세요.

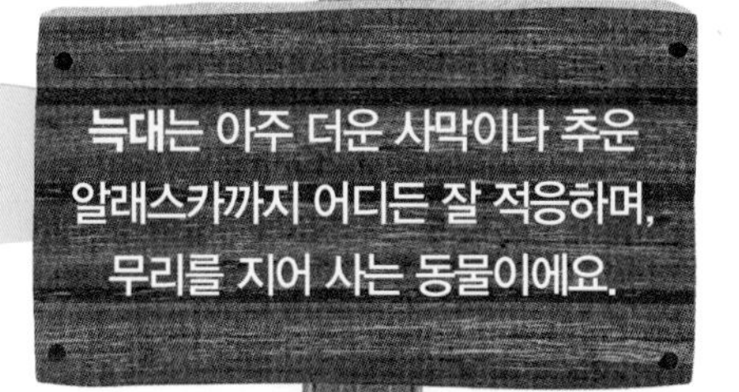

UNIT 24 대문자 X

● 점선을 따라 순서대로 써 보세요.

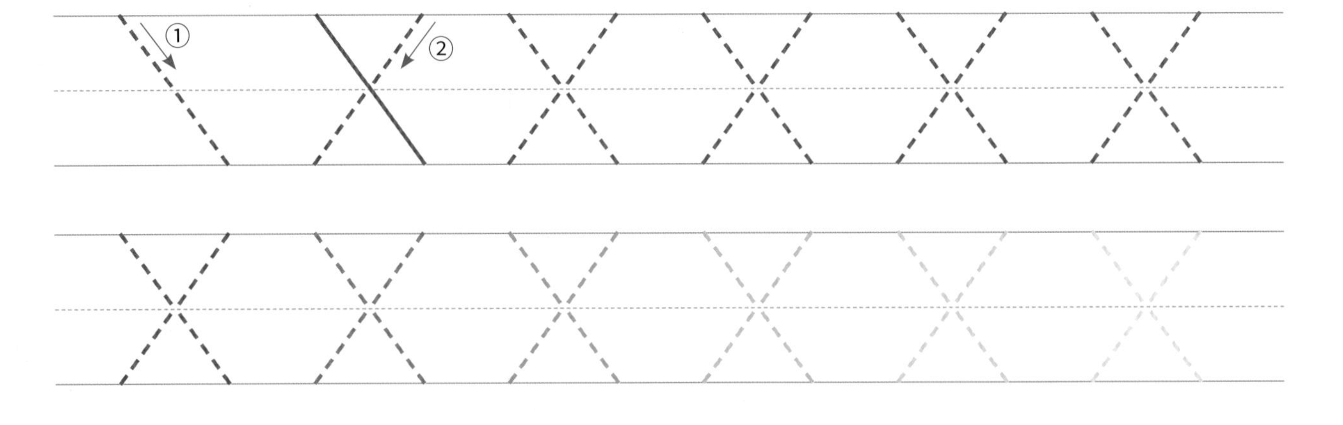

● 점을 이어서 써 보세요.

● 출발점부터 시작해서 써 보세요.

- 제놉스 새가 친구 엑스레이 물고기를 만날 수 있도록 대문자 X를 따라가 보세요.

- X로 시작하는 동물들을 확인하고, 대문자 X를 예쁘게 써 보세요.

대문자 X 동물 이야기

XENOPS 제놉스 새, **X-RAY FISH** 엑스레이 물고기

아직 X 동물 단어들은 암기하지 마세요. X로 시작한다는 것만 알려 주세요.

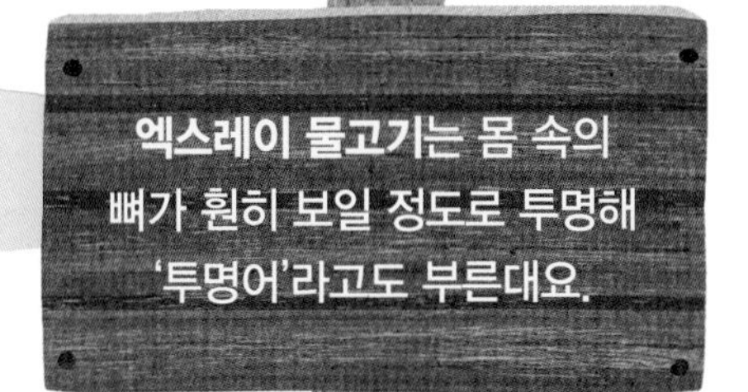

UNIT 25 대문자 Y

● 점선을 따라 순서대로 써 보세요.

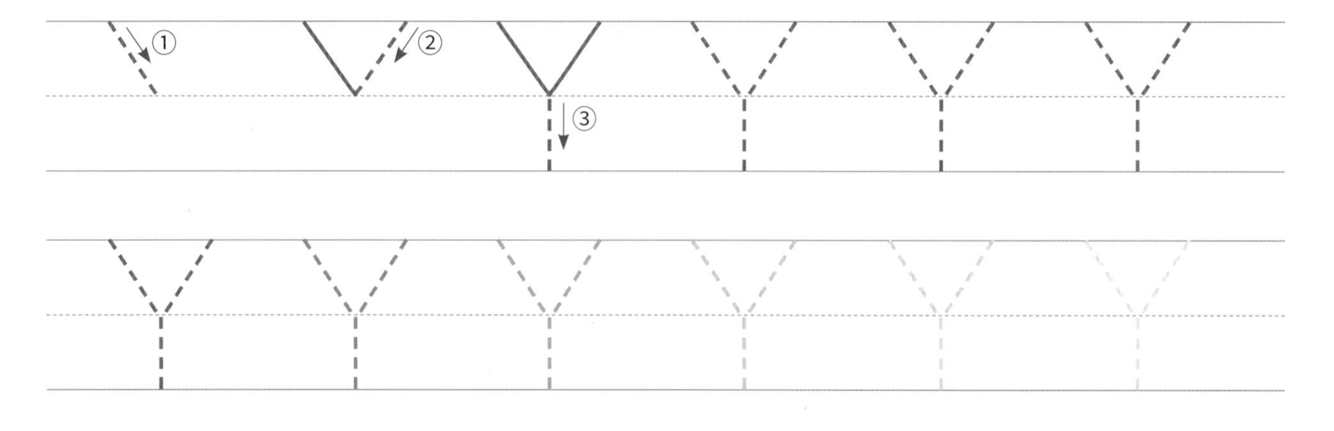

● 점을 이어서 써 보세요.

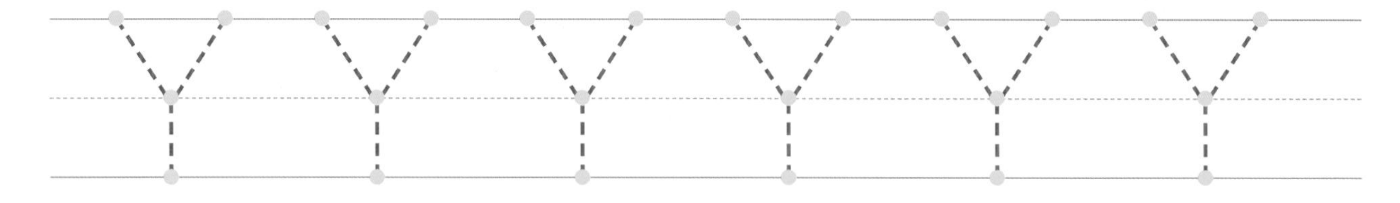

● 출발점부터 시작해서 써 보세요.

● 야크가 풀을 뜯어 먹고 있어요. 대문자 Y를 따라 점을 연결하여 야크를 그려 보세요.

● Y로 시작하는 동물들을 확인하고, 대문자 Y를 예쁘게 써 보세요.

대문자 Y 동물 이야기

YAK 야크, **YELLOW BIRD** 노란 방울새

아직 Y 동물 단어들은 암기하지 마세요. Y로 시작한다는 것만 알려 주세요.

UNIT 26 대문자 Z

Z

나는 Z(지) 동물 지브라야.
흰 바탕에 검은 줄일까?
아니면 검은 바탕에 흰 줄일까?

● 점선을 따라 순서대로 써 보세요.

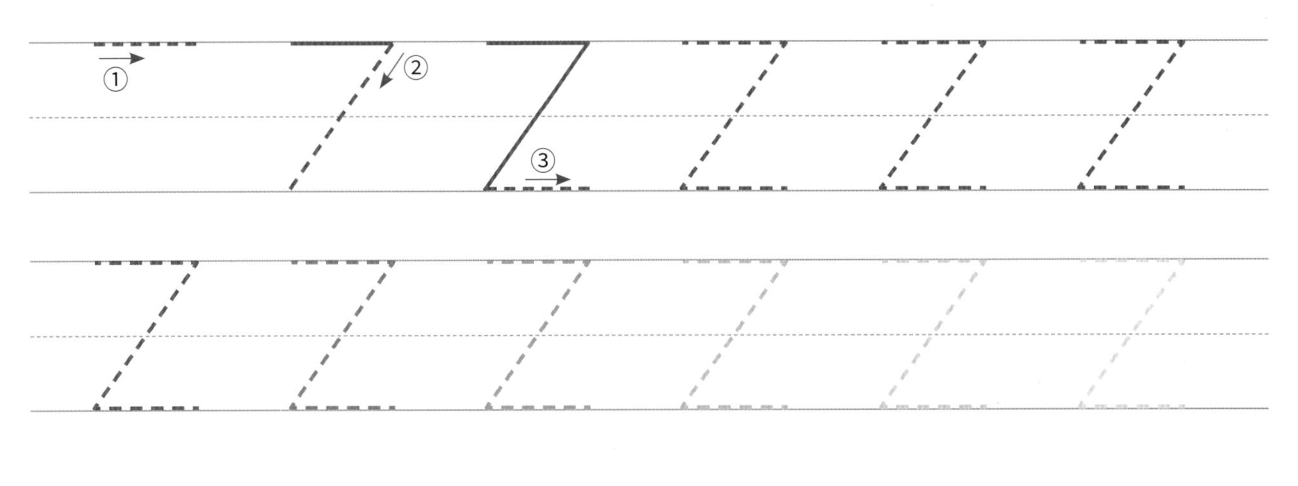

● 점을 이어서 써 보세요.

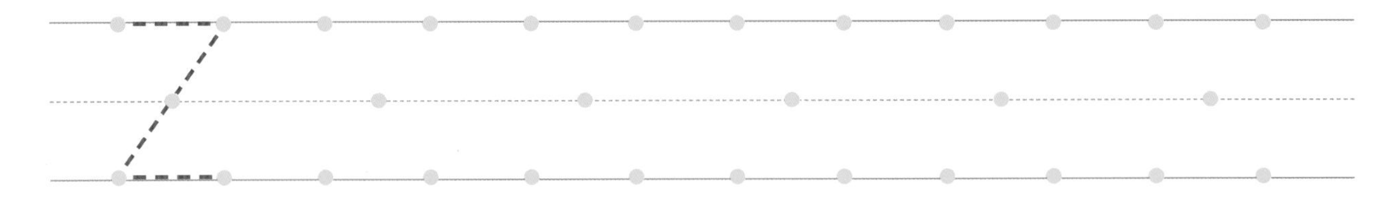

● 출발점부터 시작해서 써 보세요.

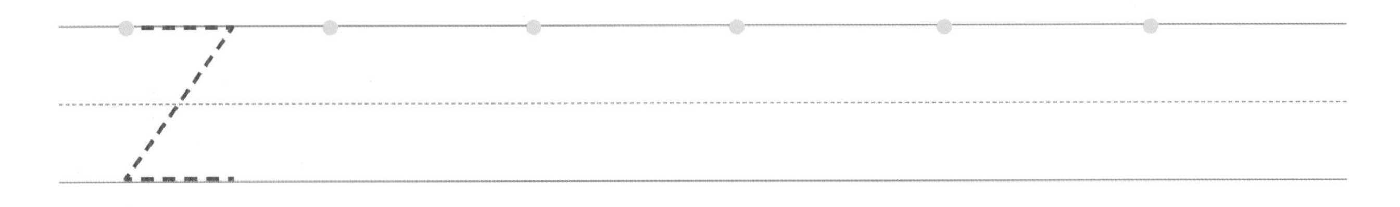

● 얼룩말이 여유롭게 낮잠을 자고 있네요. 예쁜 색으로 대문자 Z를 색칠하세요.

● Z로 시작하는 동물들을 확인하고, 대문자 Z를 예쁘게 써 보세요.

대문자 Z 동물 이야기

ZEBRA 얼룩말, **ZEBRAFISH** 줄무늬 열대어

아직 Z 동물 단어들은 암기하지 마세요. Z로 시작한다는 것만 알려 주세요.

REVIEW 1 대문자 확인하기

● 다음 동물의 이름을 알파벳 하나씩 소리 내 읽어 보세요.

● 다음 동물에 쓰여 있는 대문자 알파벳을 읽고 두 번씩 써 보세요.

● 잘 듣고 다음 동물 이름의 첫 알파벳을 대문자로 써 보세요.

● 잘 듣고 들려 주는 알파벳을 연결하여 곰이 친구 박쥐를 만날 수 있게 해 주세요.

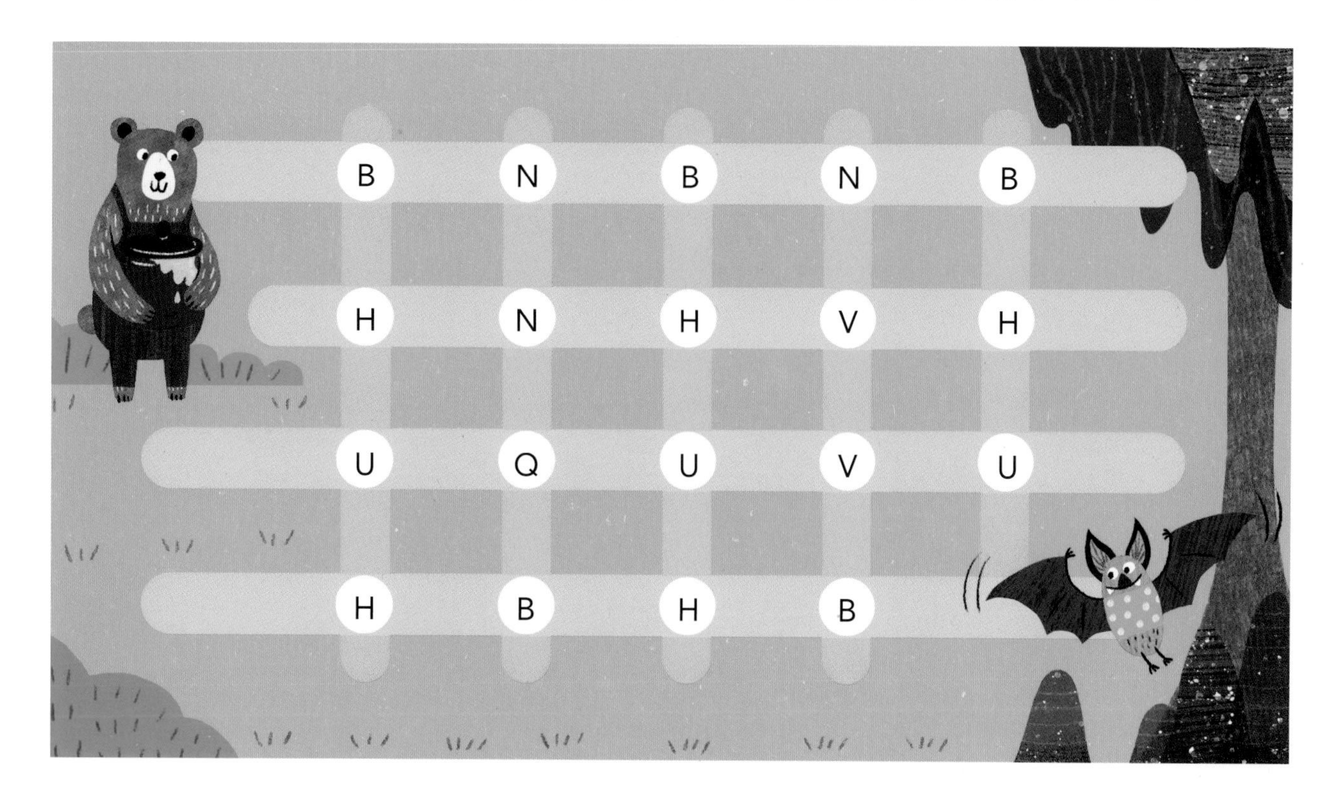

잘 모르는 알파벳이 있다면 앞으로 돌아가 복습해 주세요.
여기 나오는 단어를 모두 읽을 필요는 없어요.
각각의 알파벳을 듣고 읽고 쓸 수 있도록 지도해 주세요.

PART 2 소문자
동물 친구들이 놀이공원에 놀러 왔어요.
누가 어떤 놀이기구를 타고 있을까요?

UNIT 1 소문자 a

● 점선을 따라 순서대로 써 보세요.

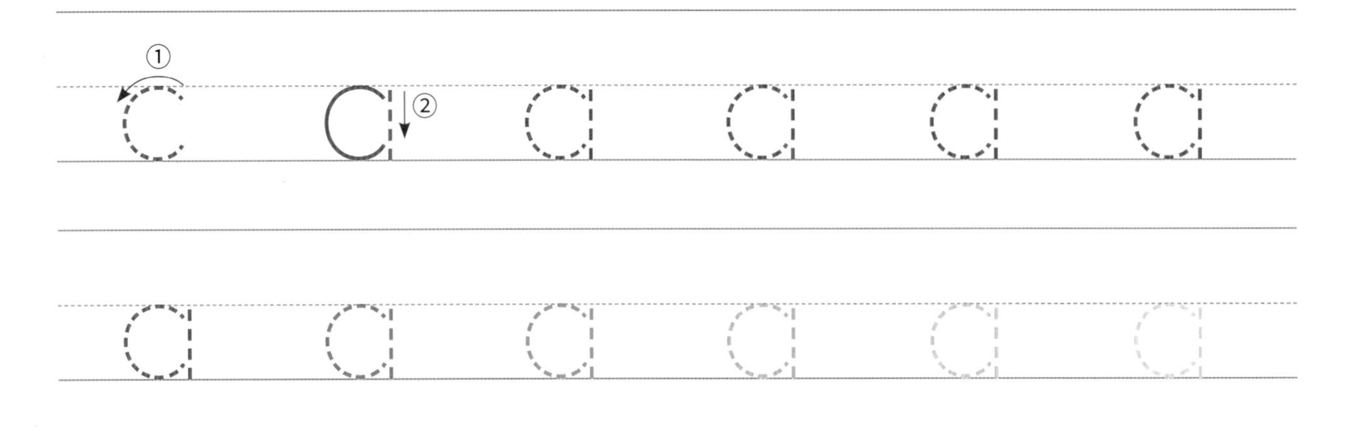

● 점을 이어서 써 보세요.

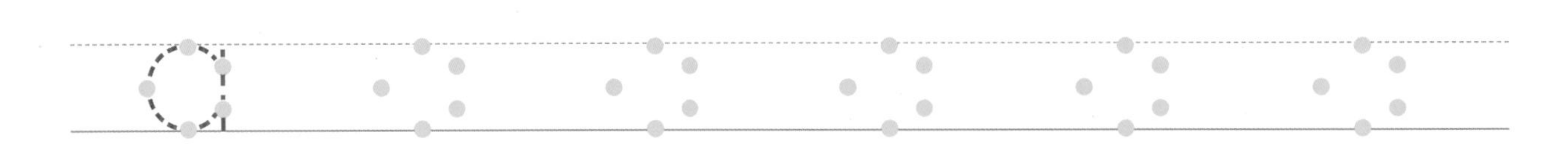

● 출발점부터 시작해서 써 보세요.

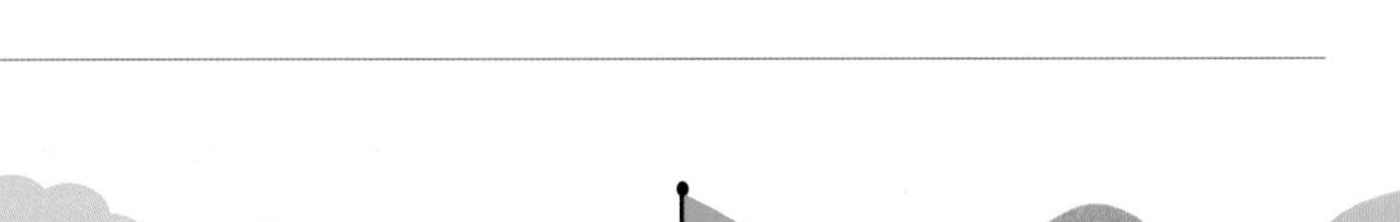

● 소문자 a를 초록색으로 색칠하세요. 어떤 동물이 될까요?

● a로 시작하는 동물들을 확인하고, 소문자 a를 예쁘게 써 보세요.

소문자 a 동물 이야기

alligator 악어, **ant** 개미, **anteater** 개미핥기

대문자처럼, 동물 단어는 암기하지 마세요. 소문자 a로 시작한다는 것만 알려 주세요.

악어의 피부는 매우 예민한 점들로 뒤덮여 있어서, 물 위의 작은 물결도 느낄 수 있답니다.

UNIT 2 소문자 b

● 점선을 따라 순서대로 써 보세요.

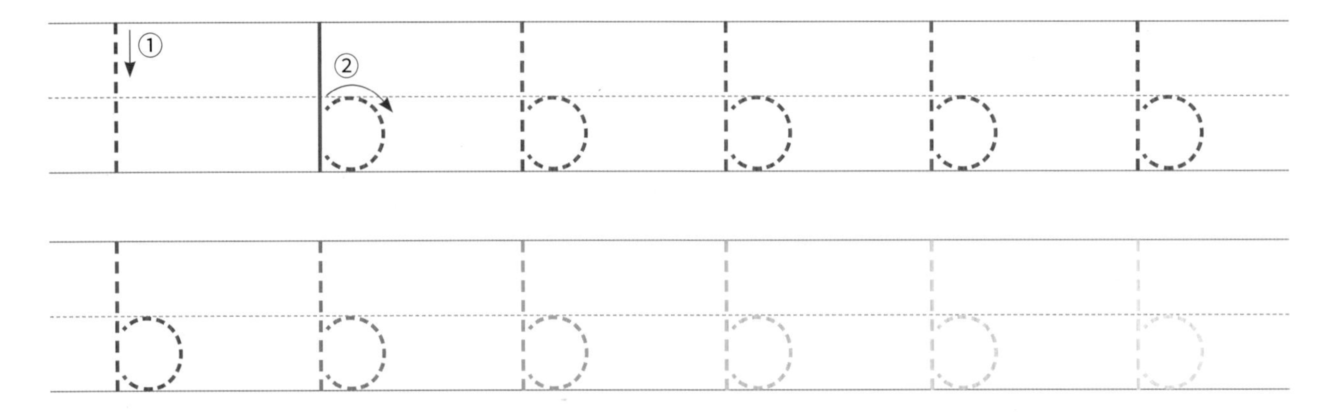

● 점을 이어서 써 보세요.

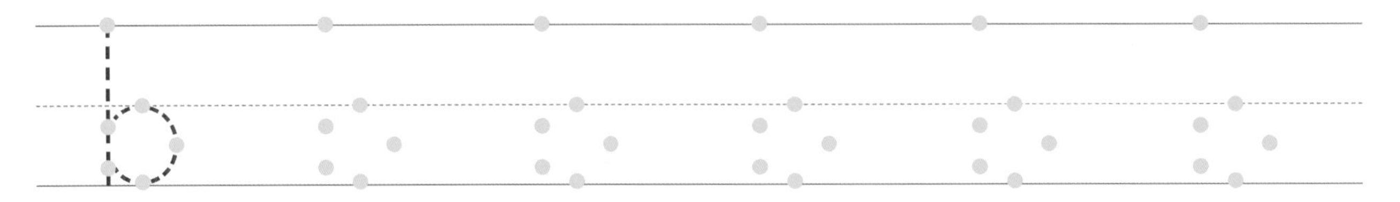

● 출발점부터 시작해서 써 보세요.

● 곰과 나비가 뛰어 놀고 있네요. 소문자 b를 찾아 동그라미 하세요.

● b로 시작하는 동물들을 확인하고, 소문자 b를 예쁘게 써 보세요.

소문자 b 동물 이야기

bear 곰, **butterfly** 나비, **bat** 박쥐

대문자처럼, 동물 단어는 암기하지 마세요. 소문자 b로 시작한다는 것만 알려 주세요.

나비들은 저마다 좋아하는 꽃이 다 다르고, 그 꽃을 빠는 나비의 혀 길이도 다 다르대요.

UNIT 3 소문자 c

● 점선을 따라 순서대로 써 보세요.

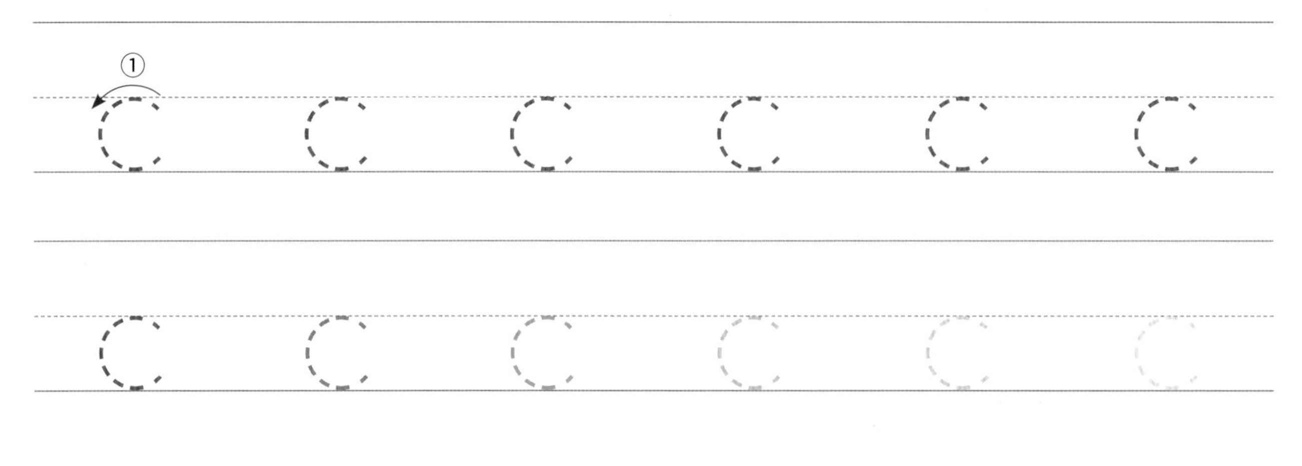

● 점을 이어서 써 보세요.

● 출발점부터 시작해서 써 보세요.

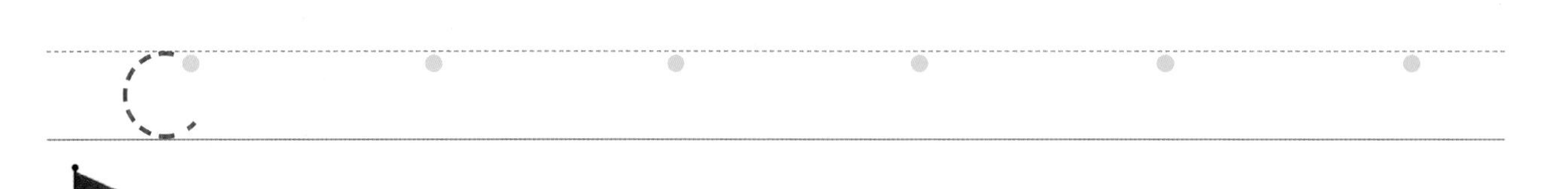

● 고양이가 친구 암소와 낙타를 만날 수 있도록 소문자 c를 따라가 보세요.

● c로 시작하는 동물들을 확인하고, 소문자 c를 예쁘게 써 보세요.

소문자 c 동물 이야기

cat 고양이, **cow** 암소, **camel** 낙타

대문자 C와 소문자 c는 모양은 같지만 크기가 달라요.

고양이는 평소에 발톱을 숨기고 있지만, 나무에 오르거나 사냥을 할 때는 발톱을 꺼내죠.

UNIT 4 소문자 d

● 점선을 따라 순서대로 써 보세요.

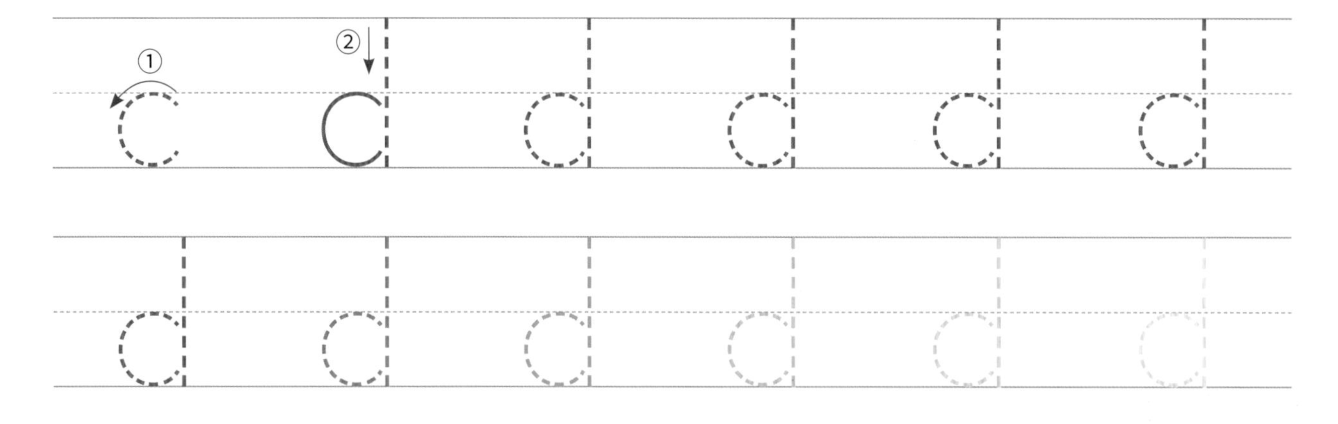

● 점을 이어서 써 보세요.

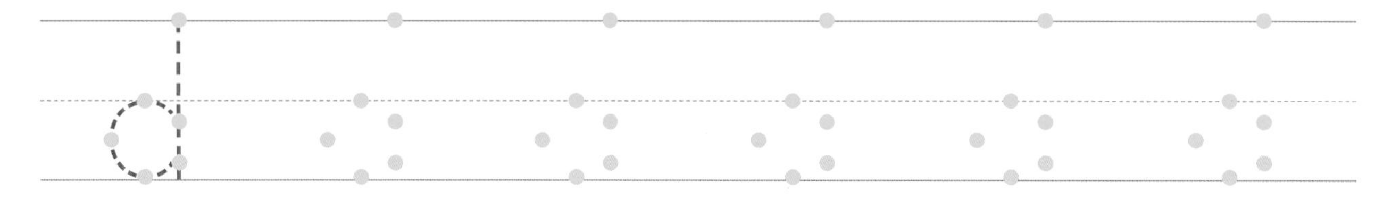

● 출발점부터 시작해서 써 보세요.

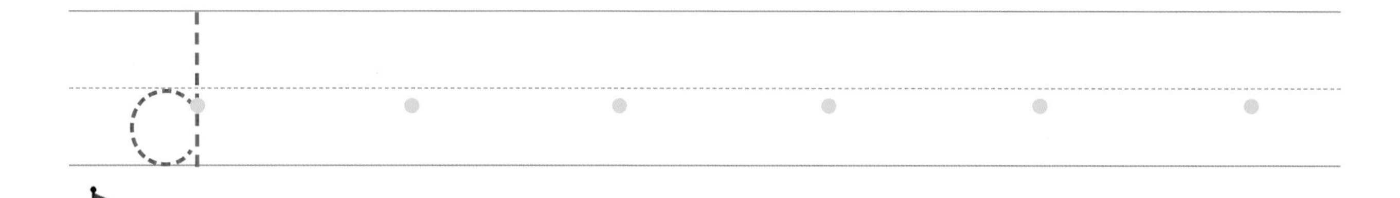

● 개가 고양이만 보면 쫓아 가네요. 소문자 d를 찾아 스티커를 붙이세요.

● d로 시작하는 동물들을 확인하고, 소문자 d를 예쁘게 써 보세요.

소문자 d 동물 이야기

dog 개, **duck** 오리, **deer** 사슴

소문자 d와 b가 헷갈리지 않도록 정확히 알려 주세요.

오리는 태어나 처음 본 것을 자신의 어미로 생각해요. 사람을 처음 본다면 사람을 어미로 알죠.

UNIT 5 소문자 e

• 점선을 따라 순서대로 써 보세요.

• 점을 이어서 써 보세요.

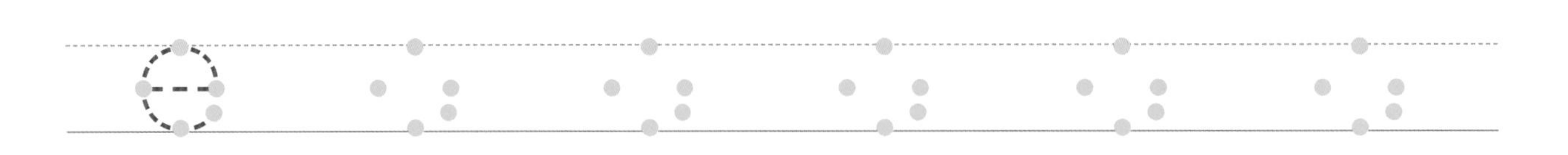

• 출발점부터 시작해서 써 보세요.

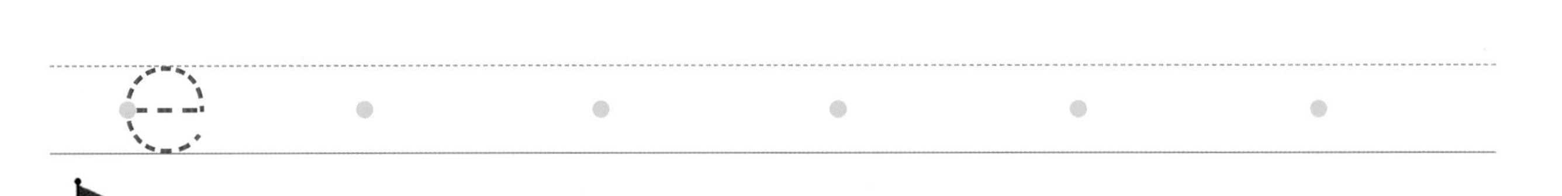

● 코끼리가 시원하게 샤워를 하고 있어요. 소문자 e를 연결하여 코끼리를 그려 보세요.

● e로 시작하는 동물들을 확인하고, 소문자 e를 예쁘게 써 보세요.

소문자 e 동물 이야기

elephant 코끼리, **emu** 에뮤, **eel** 뱀장어

대문자처럼, 여기 있는 동물들이 소문자 e로 시작한다는 것만 알려 주세요.

뱀장어는 길쭉한 몸에 살갗은 미끌미끌한 것이 꼭 뱀과 같이 생겼어요.

UNIT 6 소문자 f

● 점선을 따라 순서대로 써 보세요.

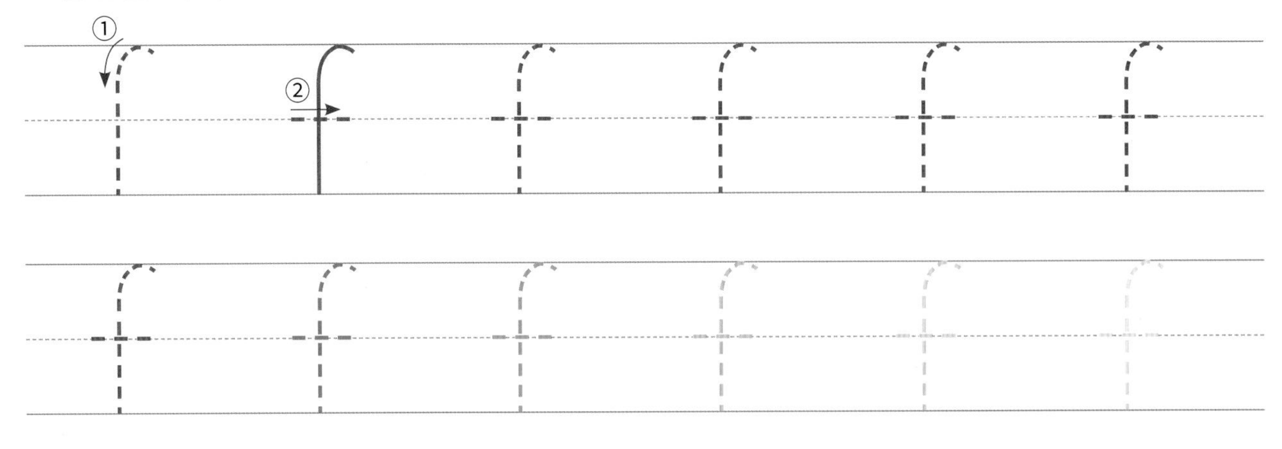

● 점을 이어서 써 보세요.

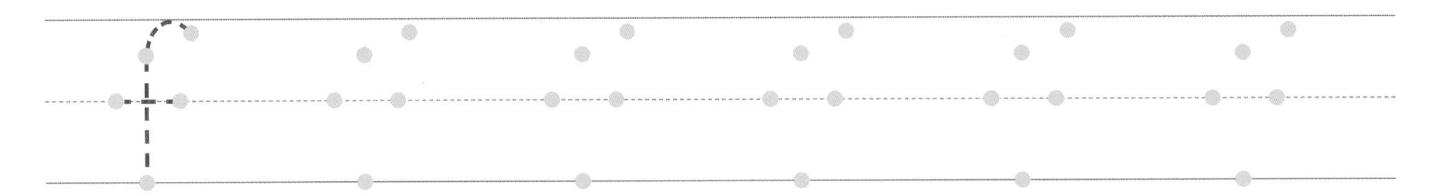

● 출발점부터 시작해서 써 보세요.

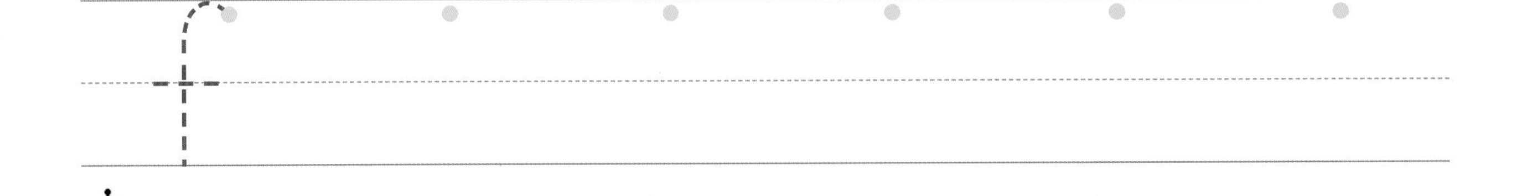

● 여우가 친구 개구리와 물고기를 만날 수 있도록 소문자 f를 따라가 보세요.

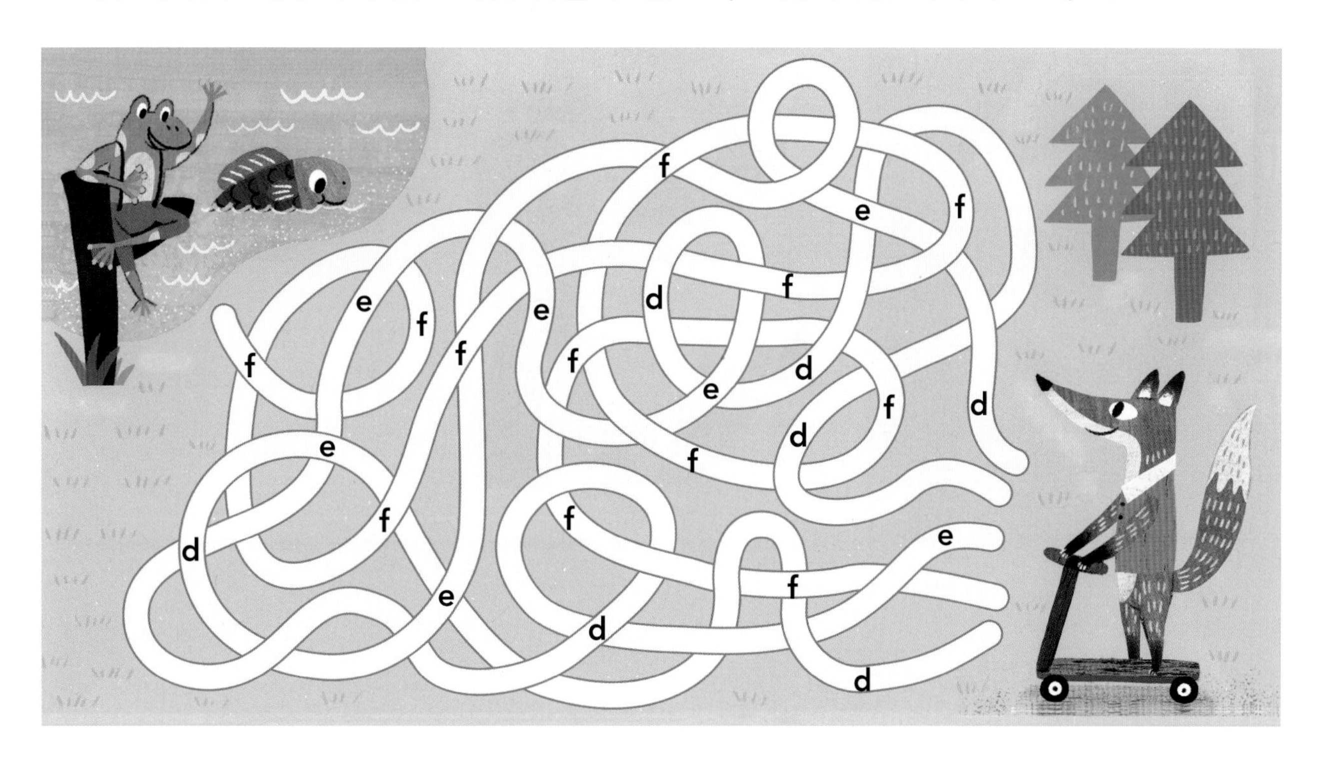

● f로 시작하는 동물들을 확인하고, 소문자 f를 예쁘게 써 보세요.

소문자 f 동물 이야기

fox 여우, **frog** 개구리, **fish** 물고기

대문자처럼, 여기 있는 동물들이 소문자 f로 시작한다는 것만 알려 주세요.

물고기 나이는 비늘을 보고 아는데, 비늘의 띠를 세어 보면 물고기의 나이를 알 수 있어요.

UNIT 7 소문자 g

● 점선을 따라 순서대로 써 보세요.

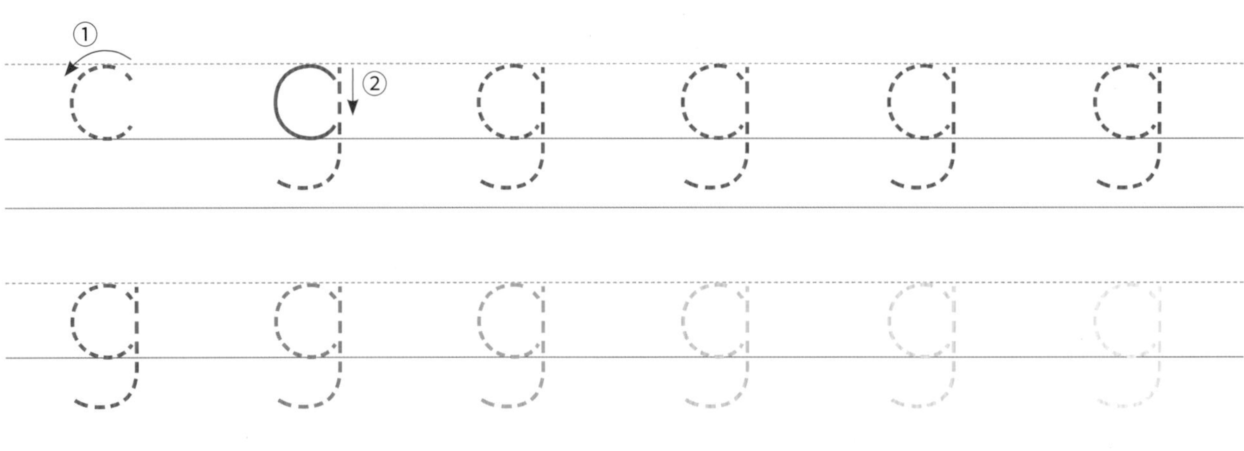

● 점을 이어서 써 보세요.

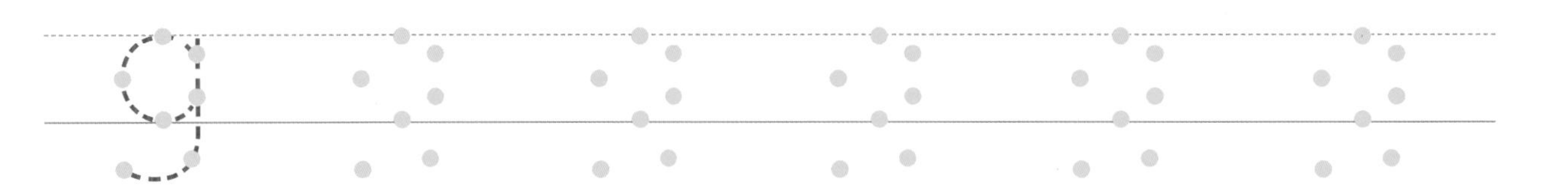

● 출발점부터 시작해서 써 보세요.

● 고릴라가 친구들과 야구를 하네요. 소문자 g가 쓰여진 글러브에 스티커를 붙이세요.

● g로 시작하는 동물들을 확인하고, 소문자 g를 예쁘게 써 보세요.

소문자 g 동물 이야기

gorilla 고릴라, **goat** 염소, **giraffe** 기린

대문자처럼, 여기 있는 동물들이 소문자 g로 시작한다는 것만 알려 주세요.

기린은 육지 동물 중 가장 키가 큰 동물로, 태어난 지 얼마 안된 새끼도 2미터나 된대요.

UNIT 8 소문자 h

● 점선을 따라 순서대로 써 보세요.

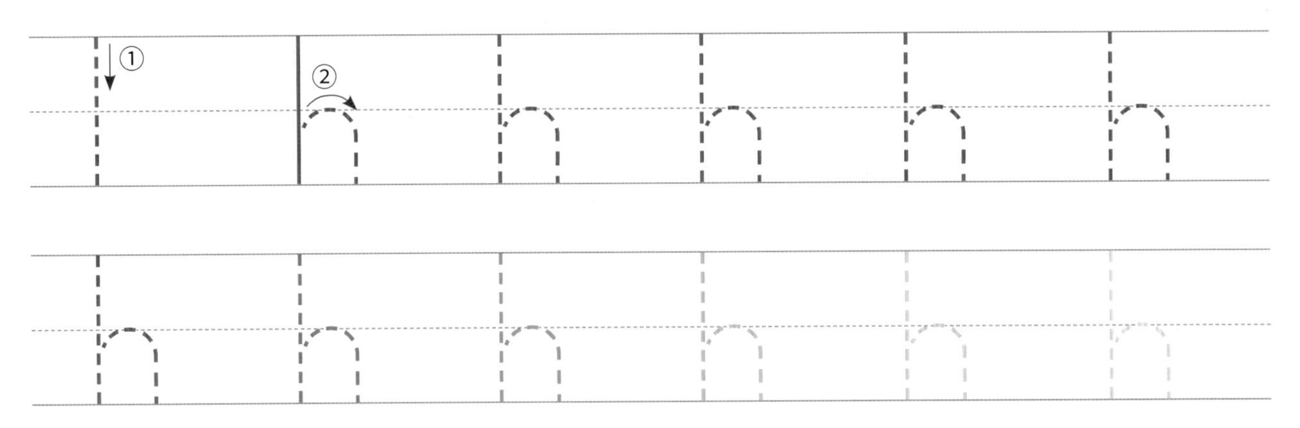

● 점을 이어서 써 보세요.

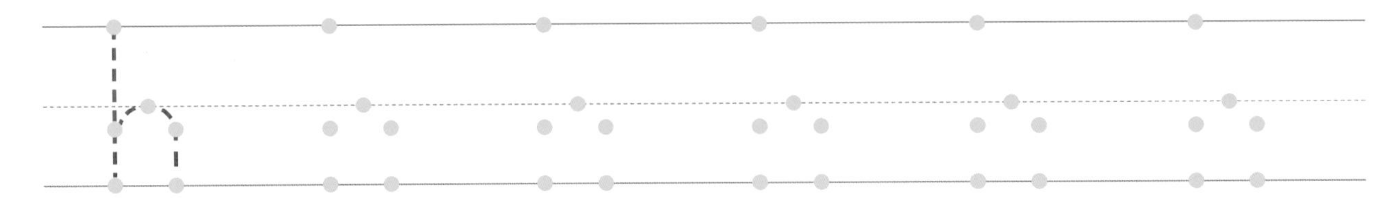

● 출발점부터 시작해서 써 보세요.

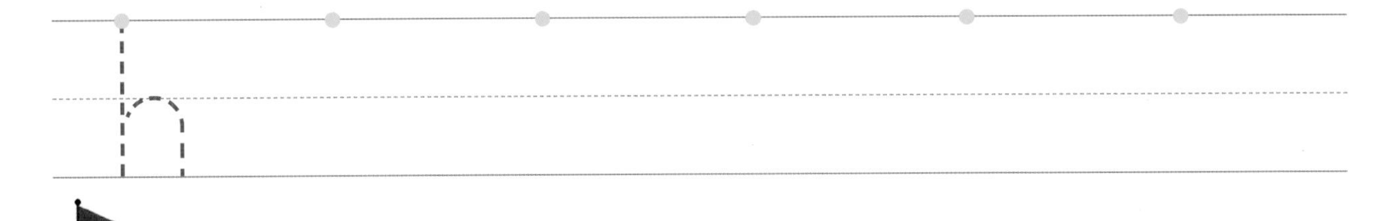

● 하마가 친구들과 담장에 페인트칠을 하고 있어요. 소문자 h를 색칠하세요.

● h로 시작하는 동물들을 확인하고, 소문자 h를 예쁘게 써 보세요.

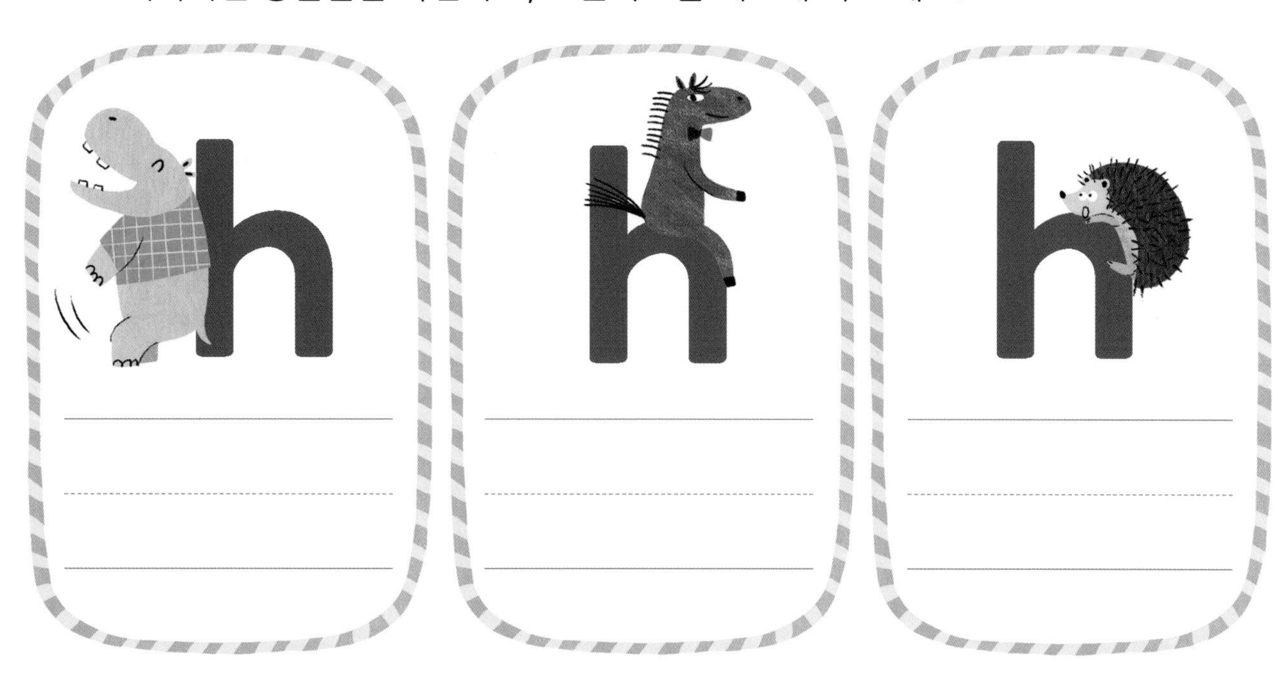

소문자 h 동물 이야기

hippo 하마, **horse** 말, **hedgehog** 고슴도치

대문자처럼, 여기 있는 동물들이 소문자 h로 시작한다는 것만 알려 주세요.

하마가 대부분 물속에서 지내는 이유는 피부가 햇볕에 약해 갈라지기 때문이에요.

UNIT 9 소문자 i

● 점선을 따라 순서대로 써 보세요.

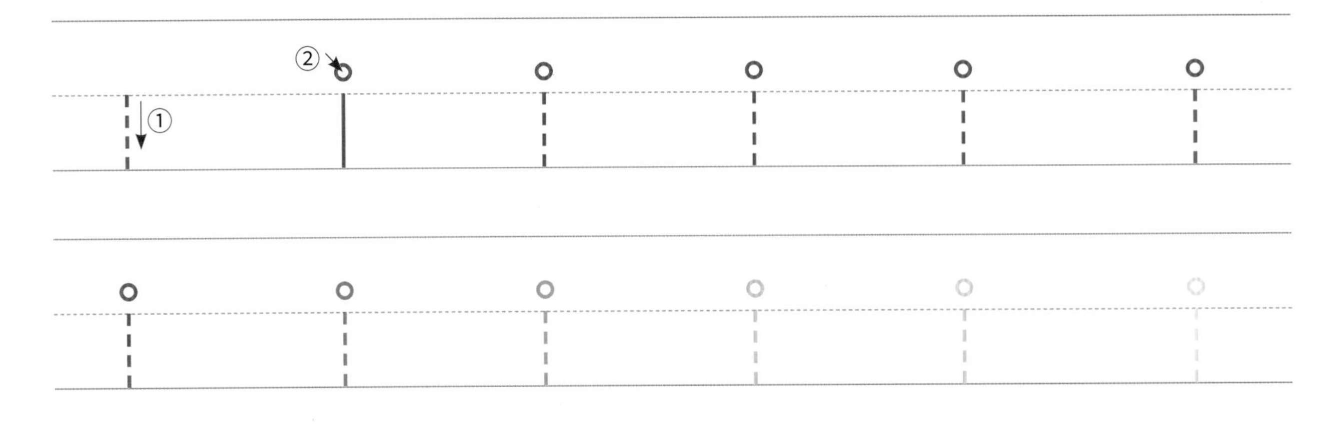

● 점을 이어서 써 보세요.

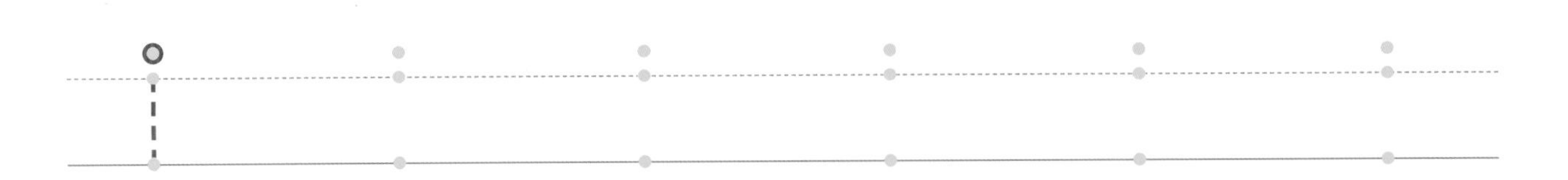

● 출발점부터 시작해서 써 보세요.

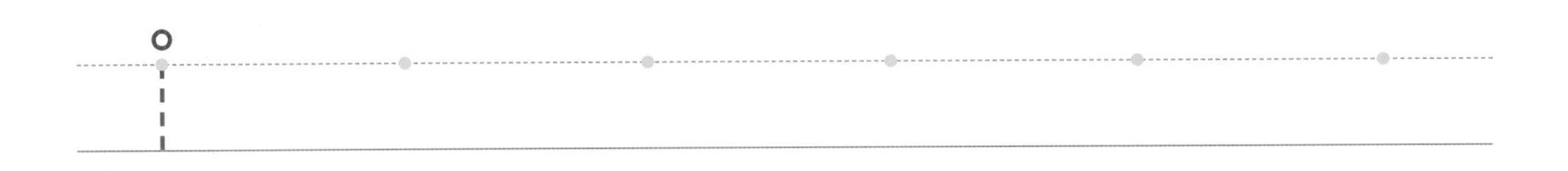

● 이구아나가 친구 임팔라와 따오기를 만날 수 있도록 소문자 i를 따라가 보세요.

● i로 시작하는 동물들을 확인하고, 소문자 i를 예쁘게 써 보세요.

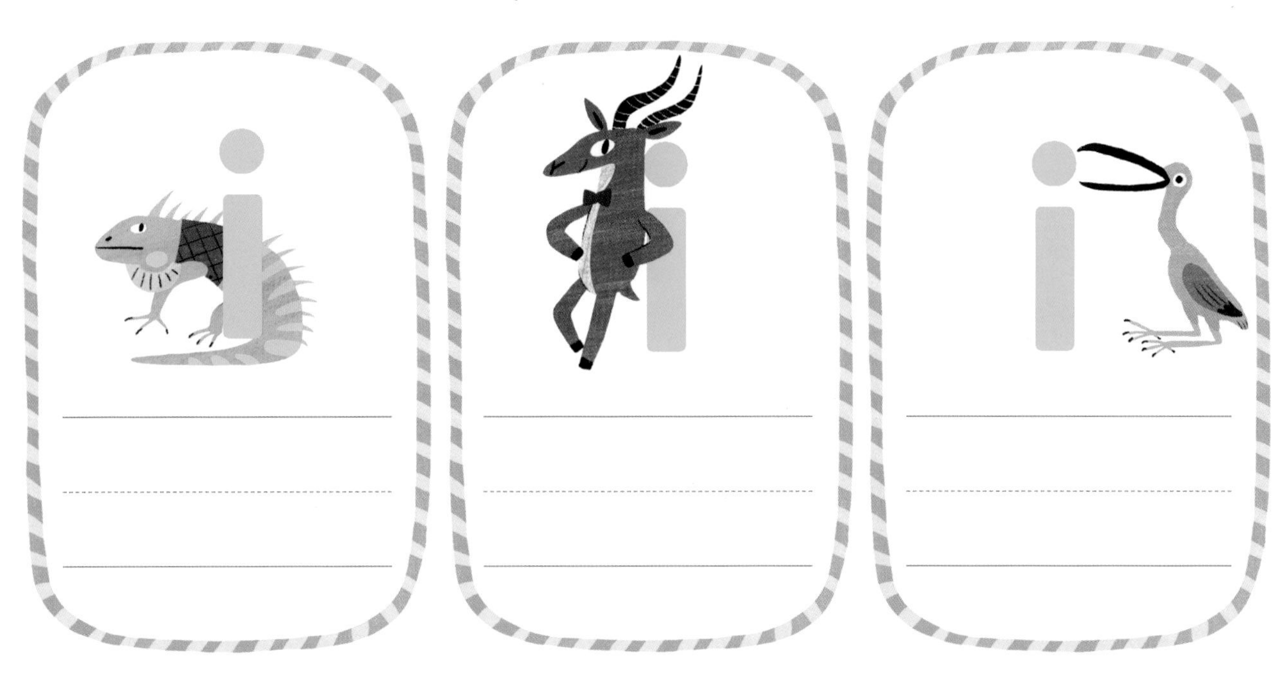

소문자 i 동물 이야기

iguana 이구아나, **impala** 임팔라, **ibis** 따오기

대문자처럼, 여기 있는 동물들이 소문자 i로 시작한다는 것만 알려 주세요.

이구아나는 적이 나타나면 턱 아래에 있는 큰 주머니를 흔들어 자신의 힘을 보여 줘요.

UNIT 10 소문자 j

● 점선을 따라 순서대로 써 보세요.

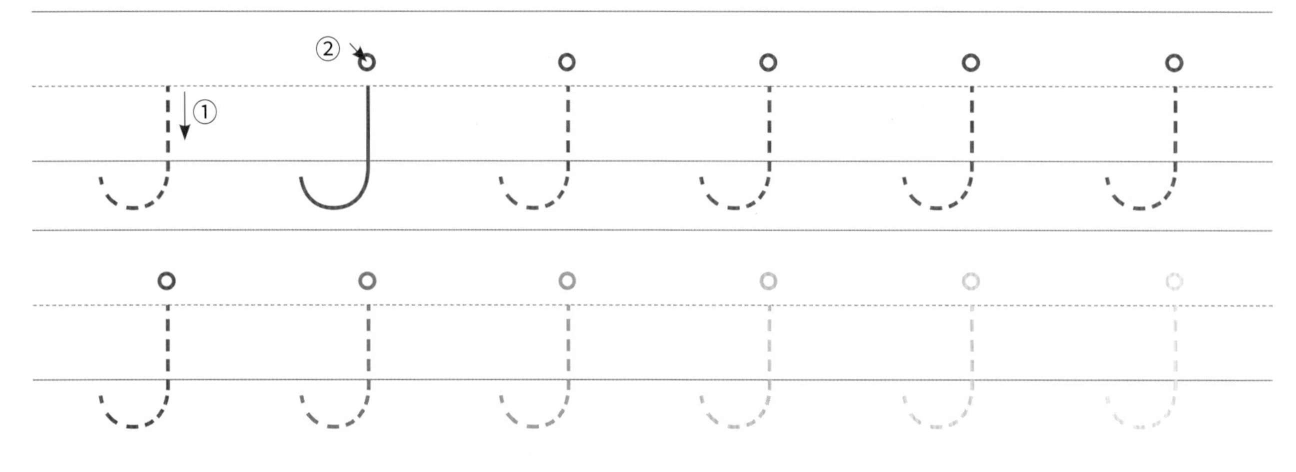

● 점을 이어서 써 보세요.

● 출발점부터 시작해서 써 보세요.

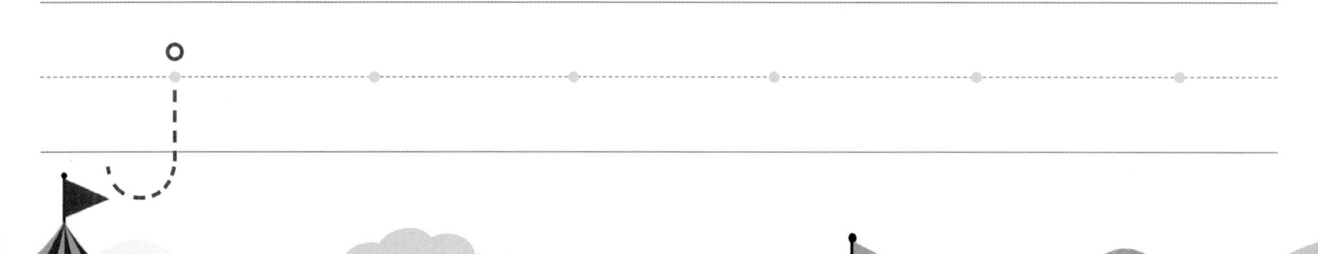

• 재규어가 친구들과 점심을 먹고 있어요. 소문자 j가 쓰여진 잼병에 동그라미 하세요.

• j로 시작하는 동물들을 확인하고, 소문자 j를 예쁘게 써 보세요.

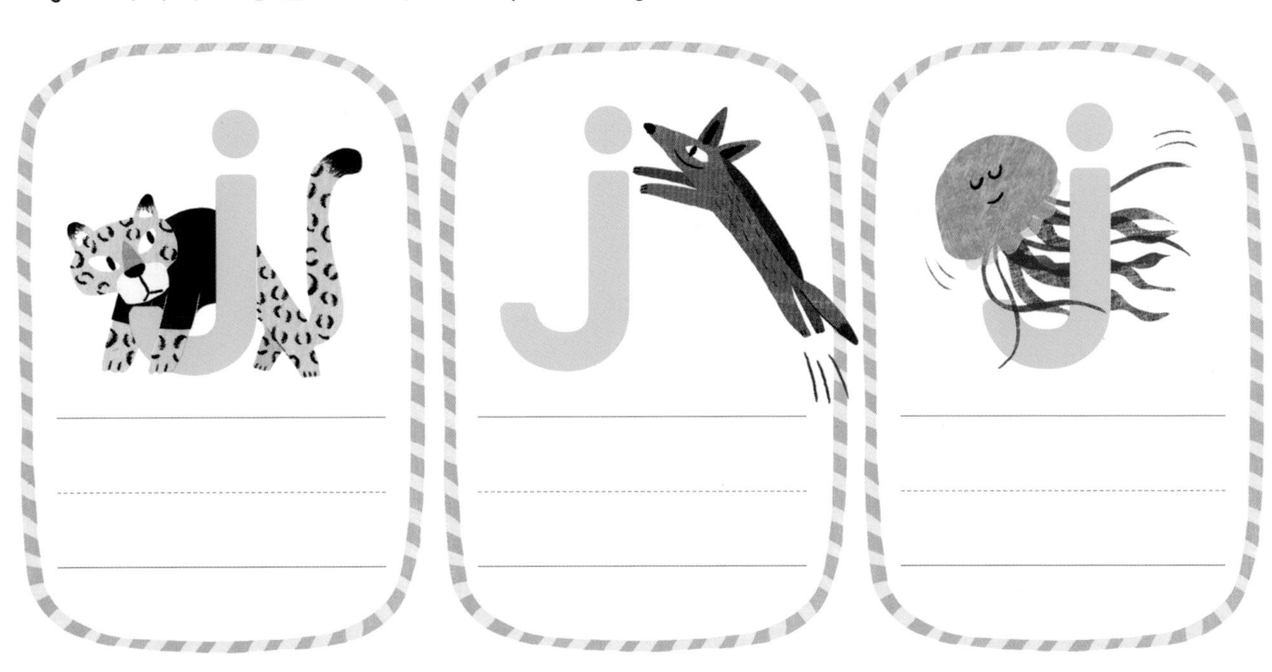

소문자 j 동물 이야기

jaguar 재규어, **jackal** 자칼, **jellyfish** 해파리

대문자처럼, 동물 단어는 암기하지 마세요. 소문자 j로 시작한다는 것만 알려 주세요.

해파리는 실처럼 가늘고 긴 촉수가 있는데, 그 촉수의 무서운 독을 이용해 물고기를 잡는대요.

UNIT 11 소문자 k

● 점선을 따라 순서대로 써 보세요.

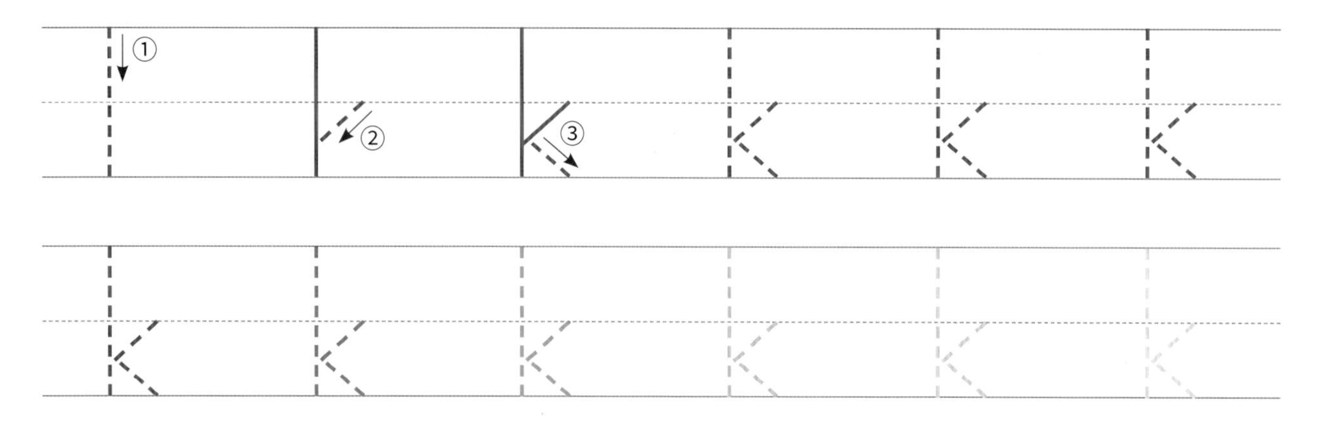

● 점을 이어서 써 보세요.

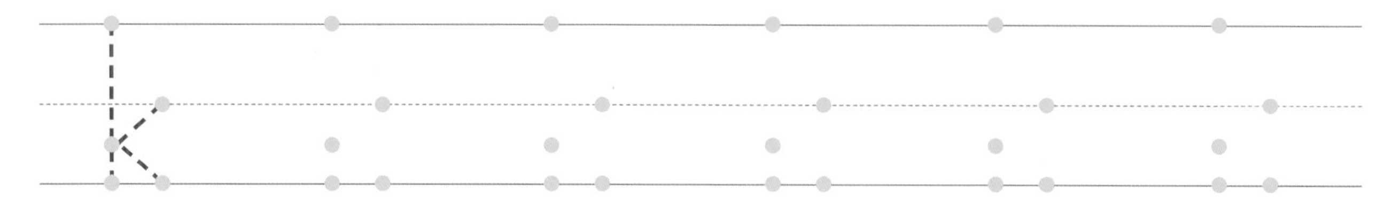

● 출발점부터 시작해서 써 보세요.

● 코알라가 친구들과 연을 날리는데, 바람이 세게 부네요. 소문자 k에 스티커를 붙이세요.

● k로 시작하는 동물들을 확인하고, 소문자 k를 예쁘게 써 보세요.

소문자 k 동물 이야기

koala 코알라, **kangaroo** 캥거루, **kiwi** 키위 새

대문자처럼, 여기 있는 동물들이 소문자 k로 시작한다는 것만 알려 주세요.

코알라는 유칼립투스의 잎을 먹는데, 여기에는 잠이 오는 물질이 있어 대부분 잠을 자며 보낸대요.

UNIT 12 소문자 l

● 점선을 따라 순서대로 써 보세요.

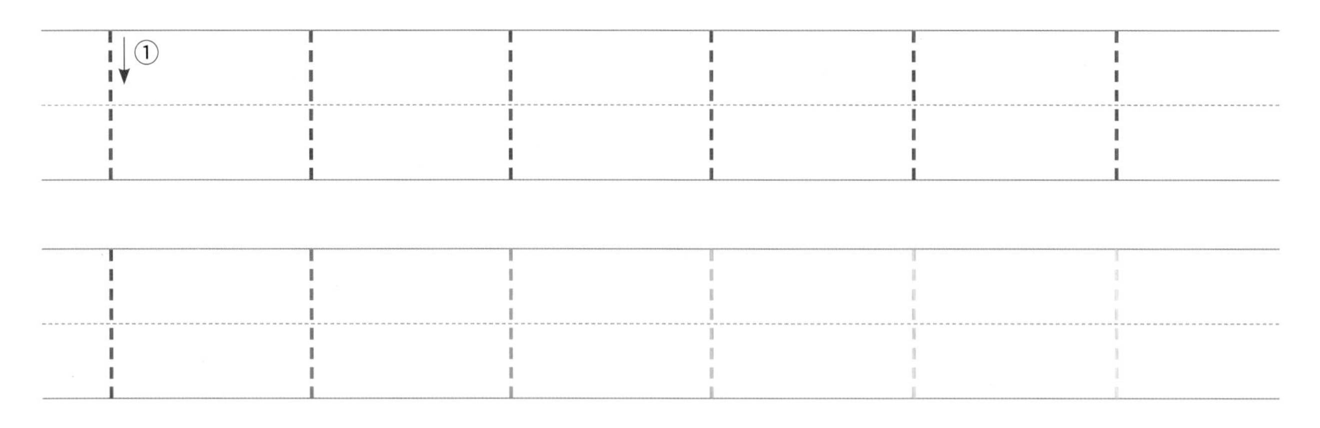

● 점을 이어서 써 보세요.

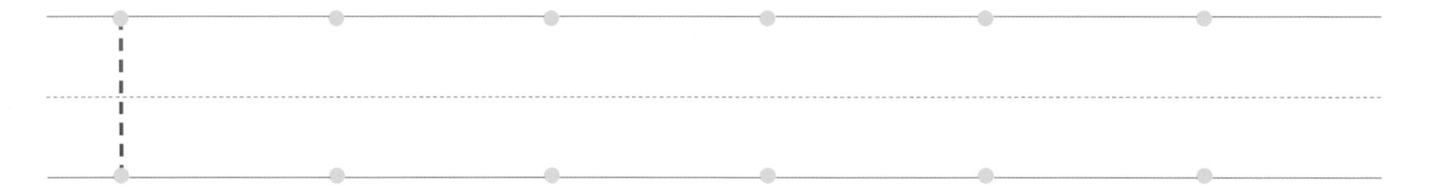

● 출발점부터 시작해서 써 보세요.

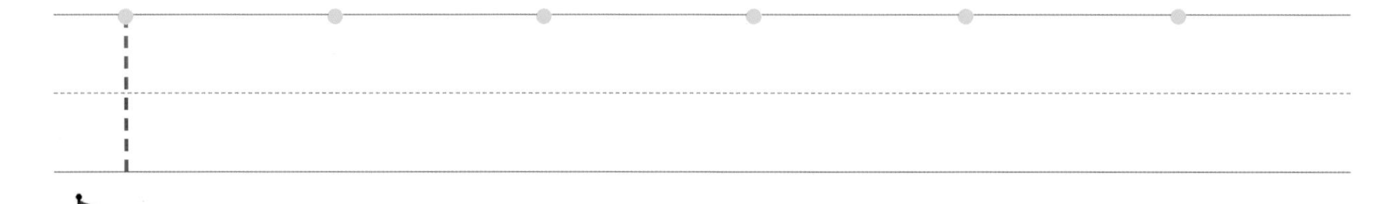

● 사자가 친구 표범과 도마뱀을 만날 수 있도록, 소문자 l을 따라가 보세요.

● l로 시작하는 동물들을 확인하고, 소문자 l을 예쁘게 써 보세요.

소문자 l 동물 이야기

lion 사자, **leopard** 표범, **lizard** 도마뱀

대문자처럼, 여기 있는 동물들이 소문자 l로 시작한다는 것만 알려 주세요.

사자는 아프리카뿐 아니라 인도에도 사는데, 인도 사자는 덩치가 작고 갈기가 짧아요.

UNIT 13 소문자 m

● 점선을 따라 순서대로 써 보세요.

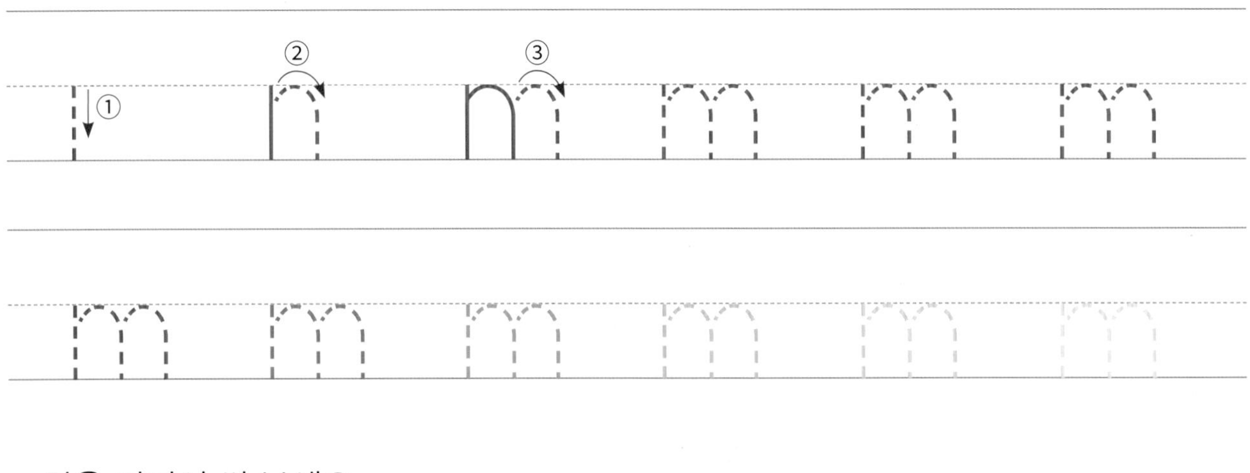

● 점을 이어서 써 보세요.

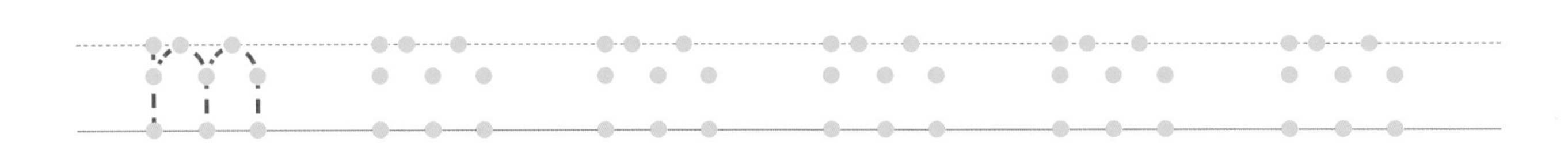

● 출발점부터 시작해서 써 보세요.

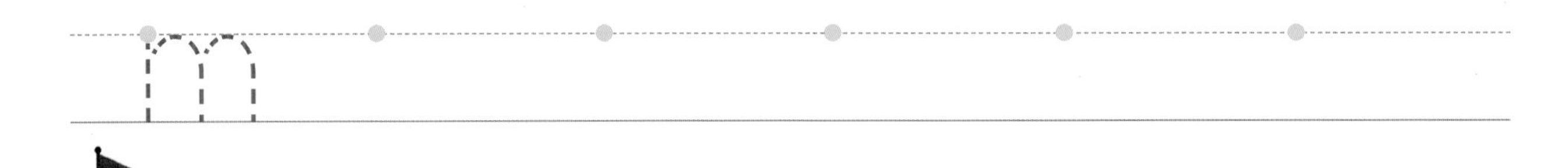

● 원숭이가 친구들과 소풍을 왔어요. 소문자 m이 쓰여진 우유갑에 동그라미 하세요.

● m으로 시작하는 동물들을 확인하고, 소문자 m을 예쁘게 써 보세요.

소문자 m 동물 이야기

monkey 원숭이, **mouse** 쥐, **moose** 무스

대문자처럼, 여기 있는 동물들이 소문자 m으로 시작한다는 것만 알려 주세요.

원숭이 엉덩이가 빨간 것은 엉덩이에만 털이 없어 몸속의 피가 그대로 비치기 때문이에요.

UNIT 14 소문자 n

● 점선을 따라 순서대로 써 보세요.

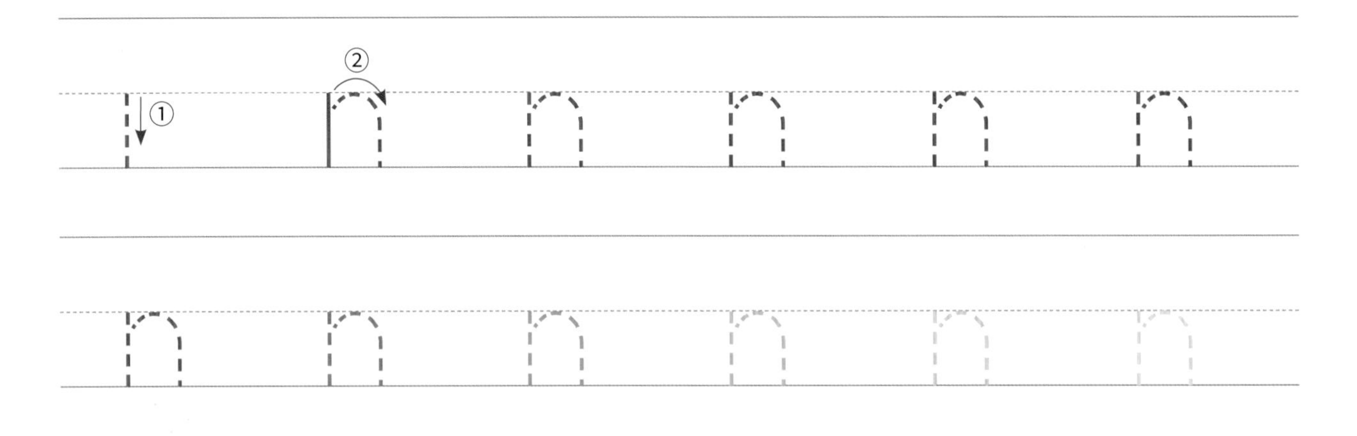

● 점을 이어서 써 보세요.

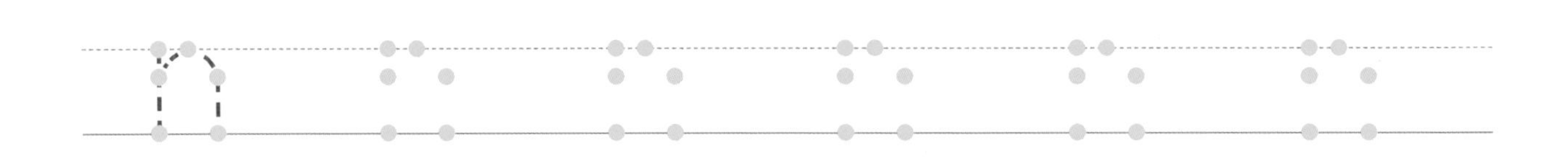

● 출발점부터 시작해서 써 보세요.

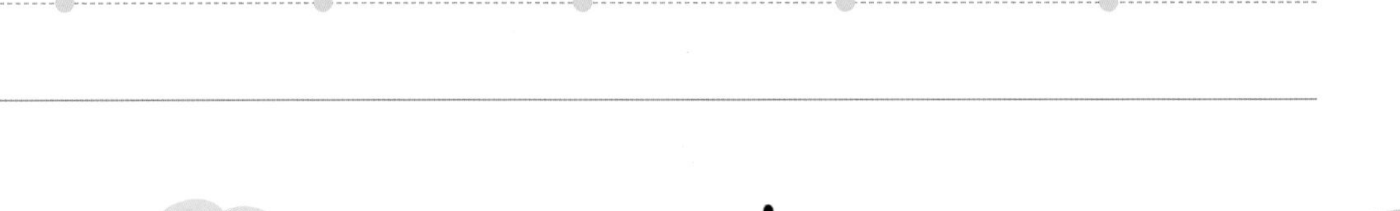

● 뉴트리아가 친구들과 놀고 있어요. 소문자 n이 쓰여진 이름표에 스티커를 붙이세요.

● n으로 시작하는 동물들을 확인하고, 소문자 n을 예쁘게 써 보세요.

소문자 n 동물 이야기

nutria 뉴트리아, **newt** 영원, **nightingale** 나이팅게일

대문자처럼, 여기 있는 동물들이 소문자 n으로 시작한다는 것만 알려 주세요.

나이팅게일은 참새와 비슷해요. 울음소리가 아름답고, 신화나 이야기 속에 자주 등장해요.

UNIT 15 소문자 o

● 점선을 따라 순서대로 써 보세요.

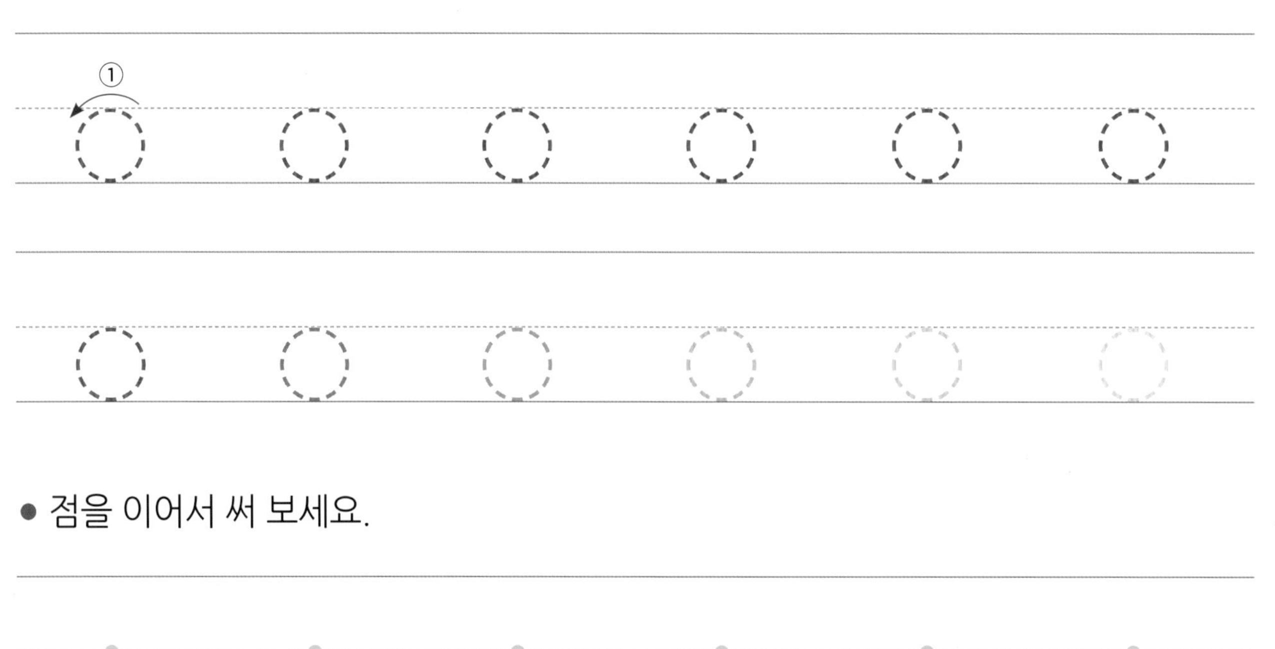

● 점을 이어서 써 보세요.

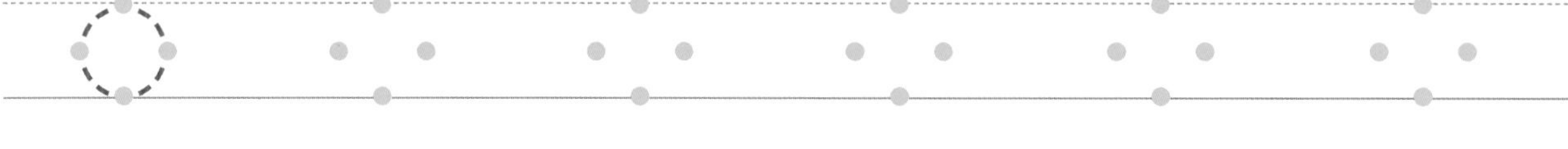

● 출발점부터 시작해서 써 보세요.

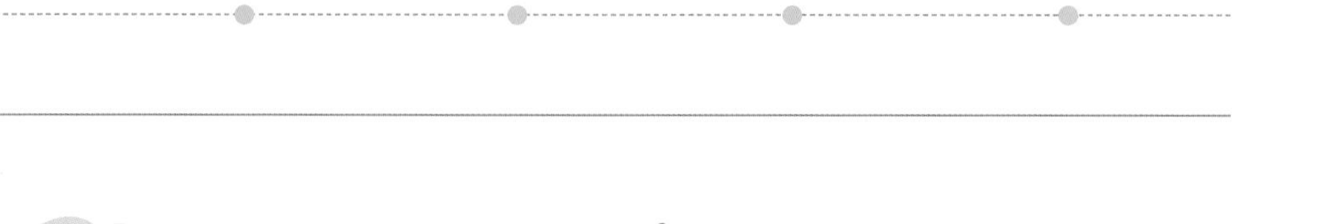

● 오랑우탄이 친구 부엉이와 문어를 만날 수 있도록 소문자 o를 따라가 보세요.

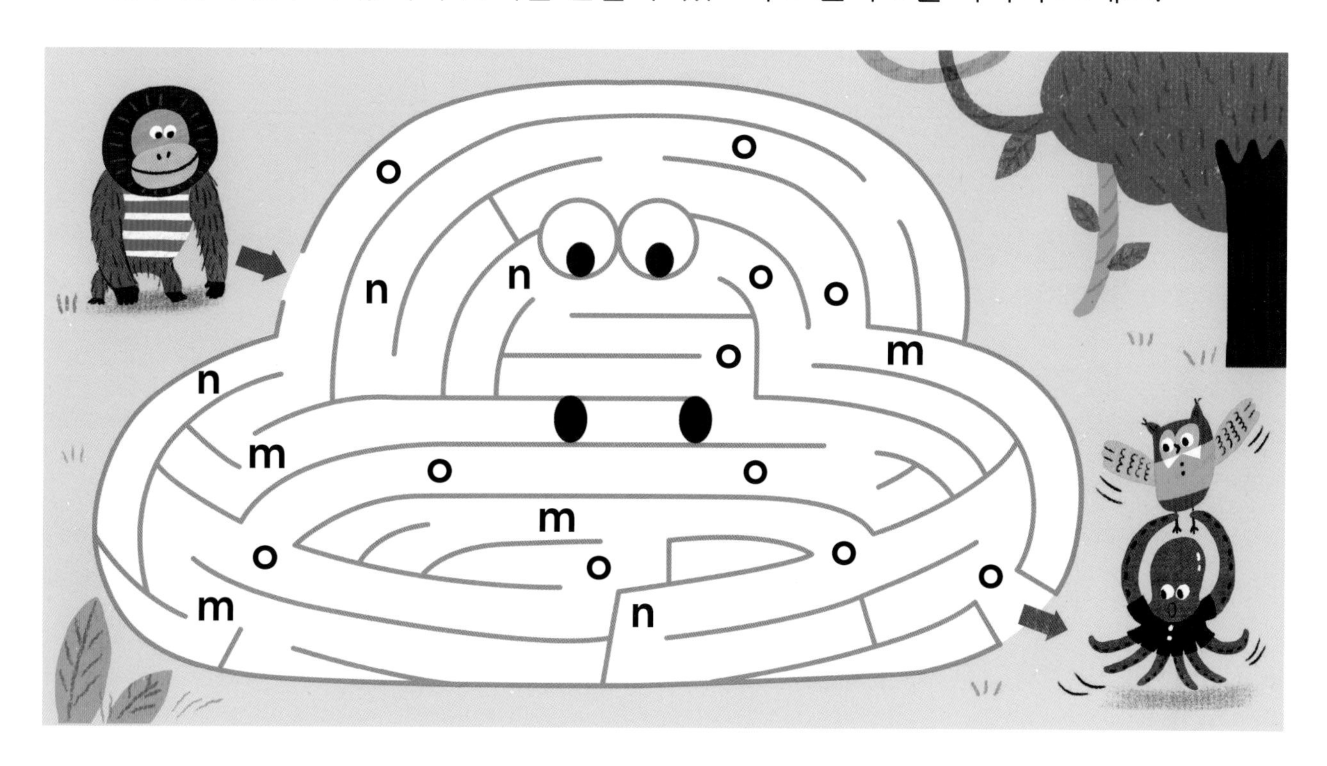

● o로 시작하는 동물들을 확인하고, 소문자 o를 예쁘게 써 보세요.

소문자 o 동물 이야기

orangutan 오랑우탄, **owl** 부엉이·올빼미, **octopus** 문어

대문자처럼, 여기 있는 동물들이 소문자 o로 시작한다는 것만 알려 주세요.

문어 피는 빨간색이 아니라 푸른색인데, 문어 핏속의 특별한 물질이 그렇게 변하게 한 거래요.

UNIT 16 소문자 p

● 점선을 따라 순서대로 써 보세요.

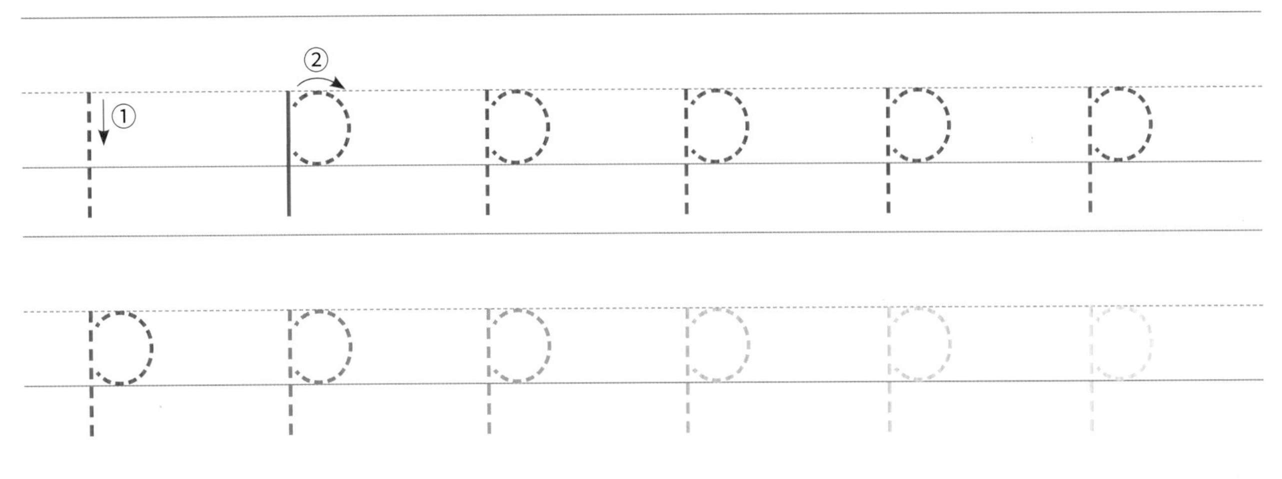

● 점을 이어서 써 보세요.

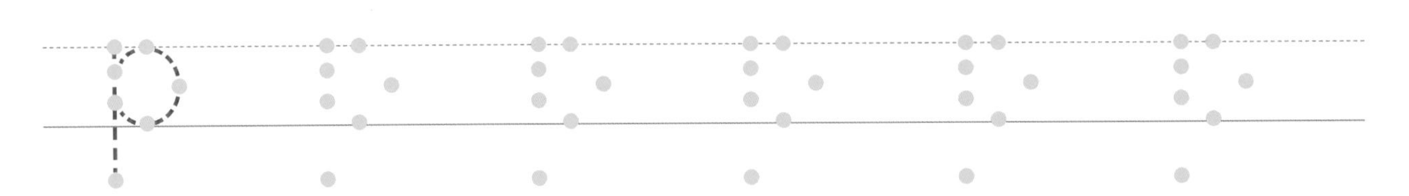

● 출발점부터 시작해서 써 보세요.

● 판다가 피아노를 연주하고 있어요. 소문자 p를 색칠하세요.

● p로 시작하는 동물들을 확인하고, 소문자 p를 예쁘게 써 보세요.

소문자 p 동물 이야기

pig 돼지, **panda** 판다, **penguin** 펭귄

대문자처럼, 여기 있는 동물들이 소문자 p로 시작한다는 것만 알려 주세요.

판다는 곰과 비슷하지만, 겨울잠을 자지 않아요. 이유는 자신이 좋아하는 대나무가 1년 내내 있어서래요.

UNIT 17 소문자 q

● 점선을 따라 순서대로 써 보세요.

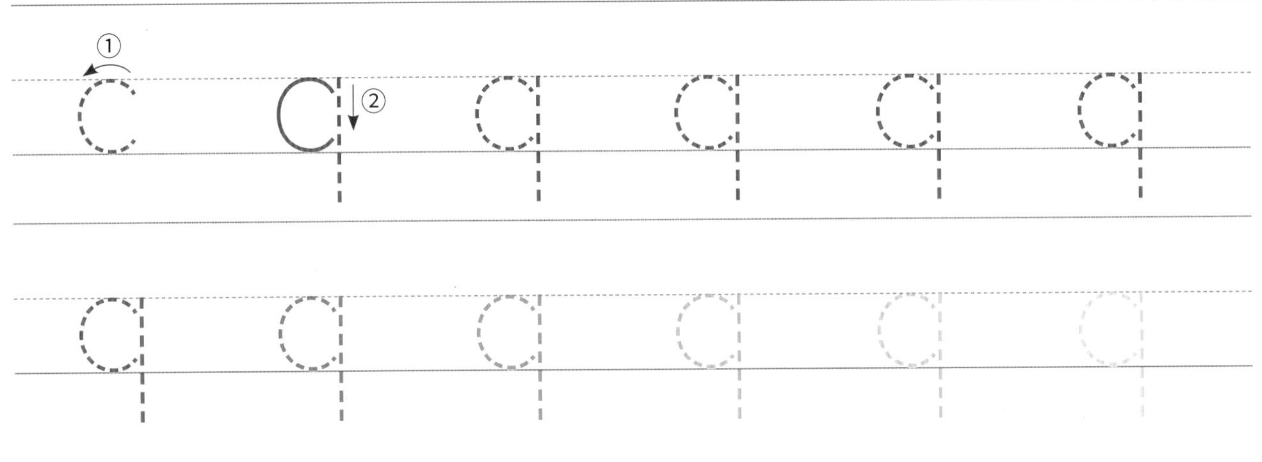

● 점을 이어서 써 보세요.

● 출발점부터 시작해서 써 보세요.

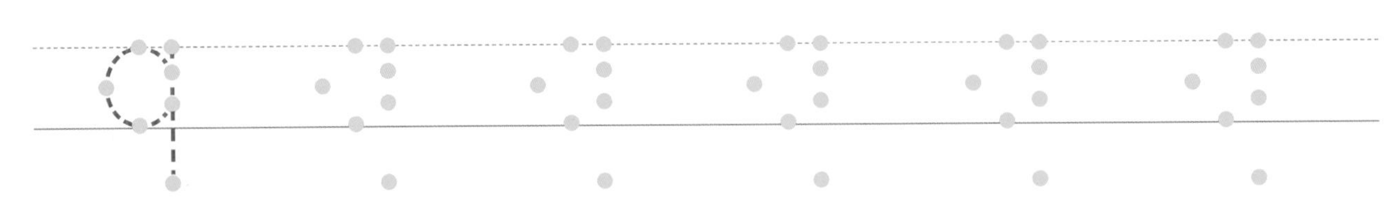

● 메추라기가 여왕벌에게 충성을 맹세하고 있어요. 소문자 q를 찾아 동그라미 하세요 .

● q로 시작하는 동물들을 확인하고, 소문자 q를 예쁘게 써 보세요.

quail 메추라기, **queen bee** 여왕벌

대문자처럼, 여기 있는 동물들이 소문자 q로 시작한다는 것만 알려 주세요.

여왕벌은 수벌과 짝짓기를 해 알을 낳아요. 보통 벌집 하나에 한 마리의 여왕벌이 살아요.

UNIT 18 소문자 r

● 점선을 따라 순서대로 써 보세요.

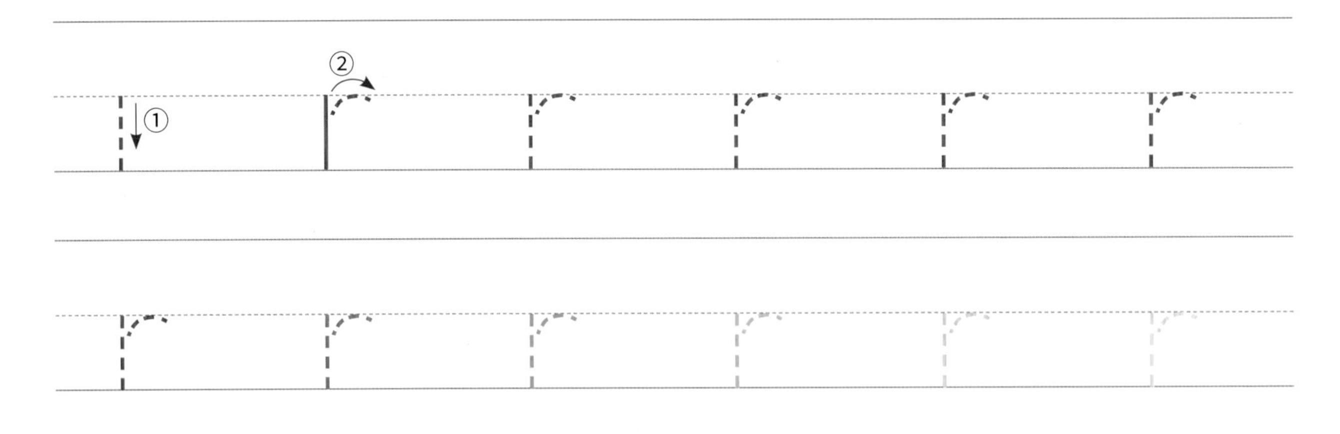

● 점을 이어서 써 보세요.

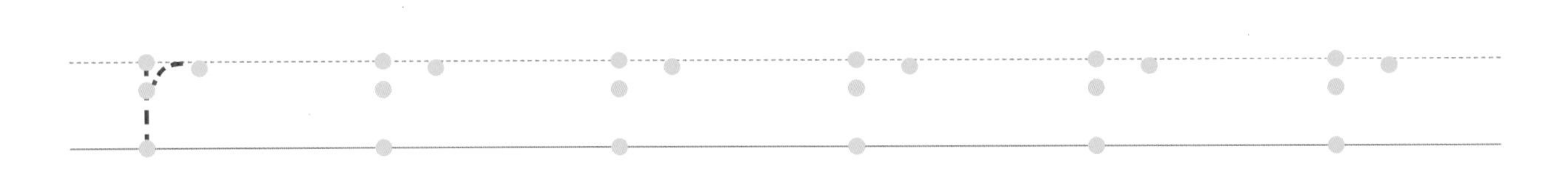

● 출발점부터 시작해서 써 보세요.

- 토끼가 친구 너구리와 코뿔소를 만날 수 있도록 소문자 r을 따라가 보세요.

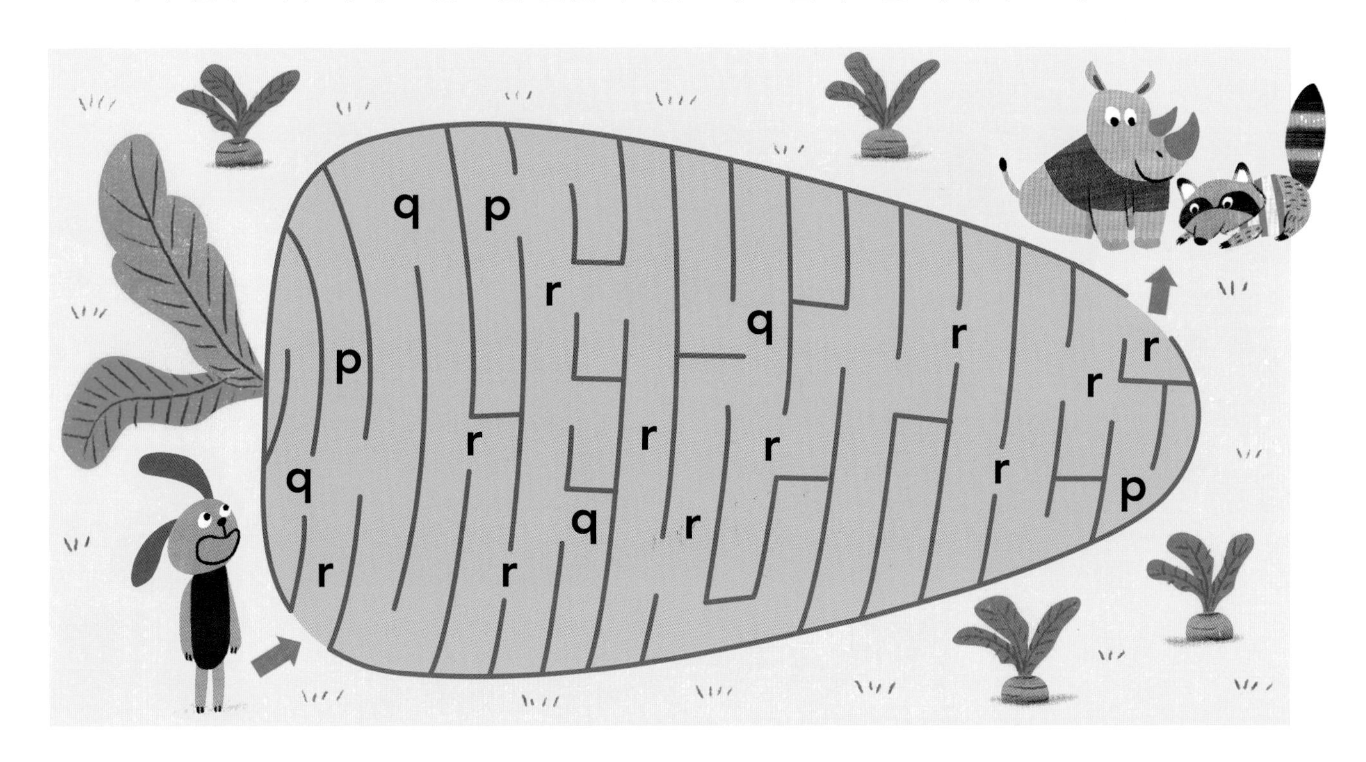

- r로 시작하는 동물들을 확인하고, 소문자 r을 예쁘게 써 보세요.

소문자 r 동물 이야기

rabbit 토끼, **raccoon** 너구리, **rhino** 코뿔소

대문자처럼, 여기 있는 동물들이 소문자 r로 시작한다는 것만 알려 주세요.

토끼는 앞다리보다 뒷다리가 훨씬 길어서 올라가는 것은 빠르지만 내려가는 것은 느려요.

UNIT 19 소문자 s

● 점선을 따라 순서대로 써 보세요.

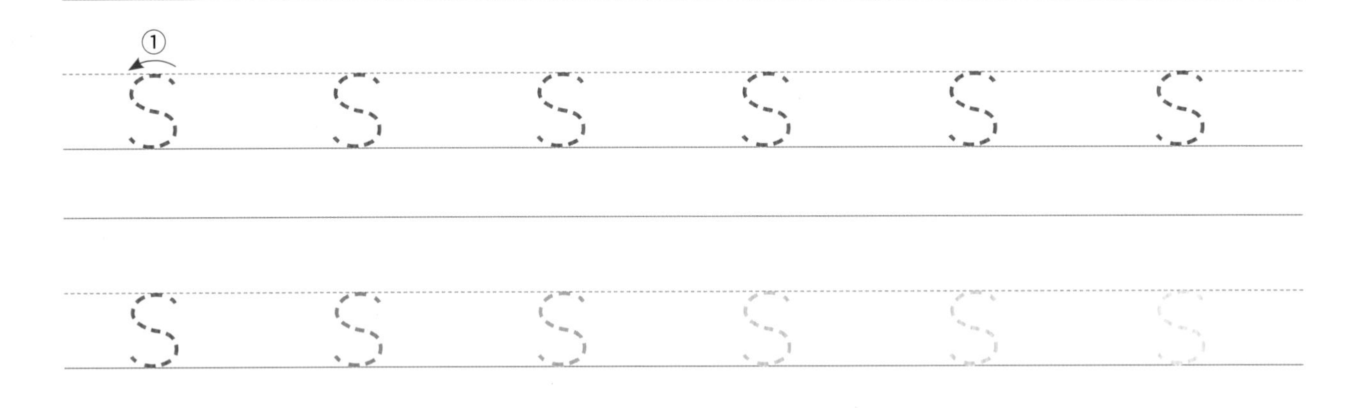

● 점을 이어서 써 보세요.

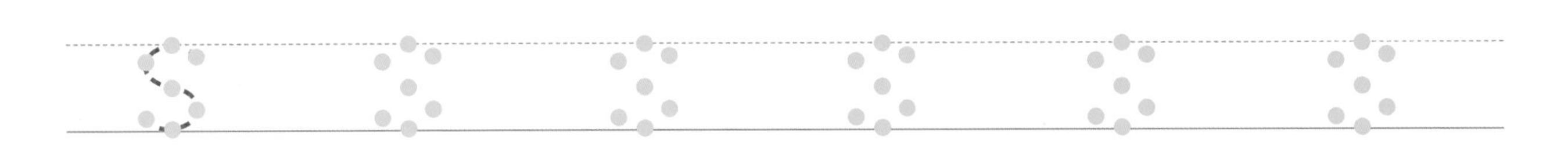

● 출발점부터 시작해서 써 보세요.

● 양과 친구들이 우주 여행을 하고 있어요. 소문자 s가 있는 우주선을 색칠하세요.

● s로 시작하는 동물들을 확인하고, 소문자 s를 예쁘게 써 보세요.

소문자 s 동물 이야기

sheep 양, **shark** 상어, **snake** 뱀

대문자 S와 소문자 s도 모양은 같지만 크기가 달라요.

뱀은 입을 크게 벌릴 수 있어, 자기보다 훨씬 더 큰 먹잇감도 쉽게 통째로 삼킬 수 있어요.

UNIT 20 소문자 t

● 점선을 따라 순서대로 써 보세요.

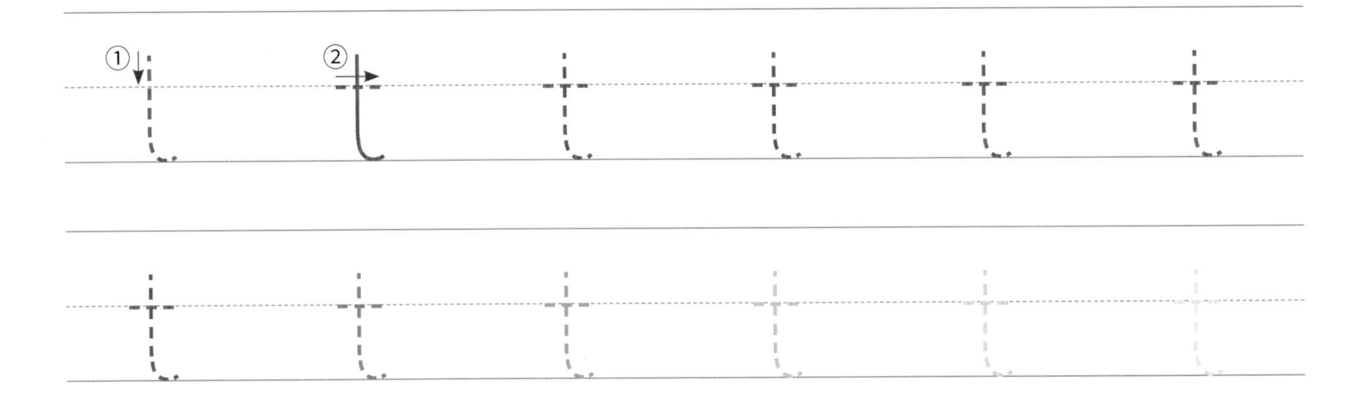

● 점을 이어서 써 보세요.

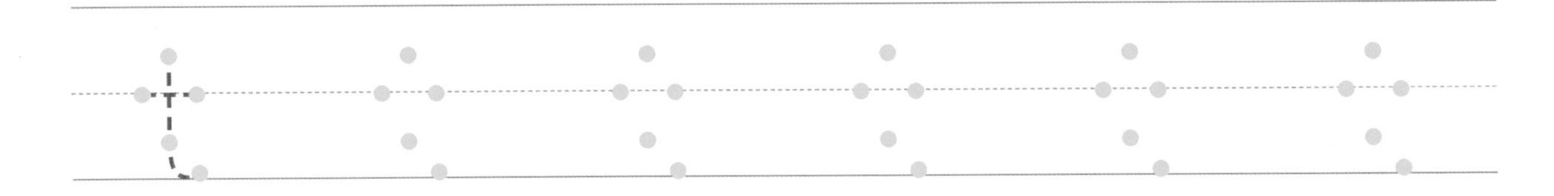

● 출발점부터 시작해서 써 보세요.

● 티라노사우르스가 공룡 뼈를 흉내내고 있어요. 소문자 t를 찾아 스티커를 붙이세요.

● t로 시작하는 동물들을 확인하고, 소문자 t를 예쁘게 써 보세요.

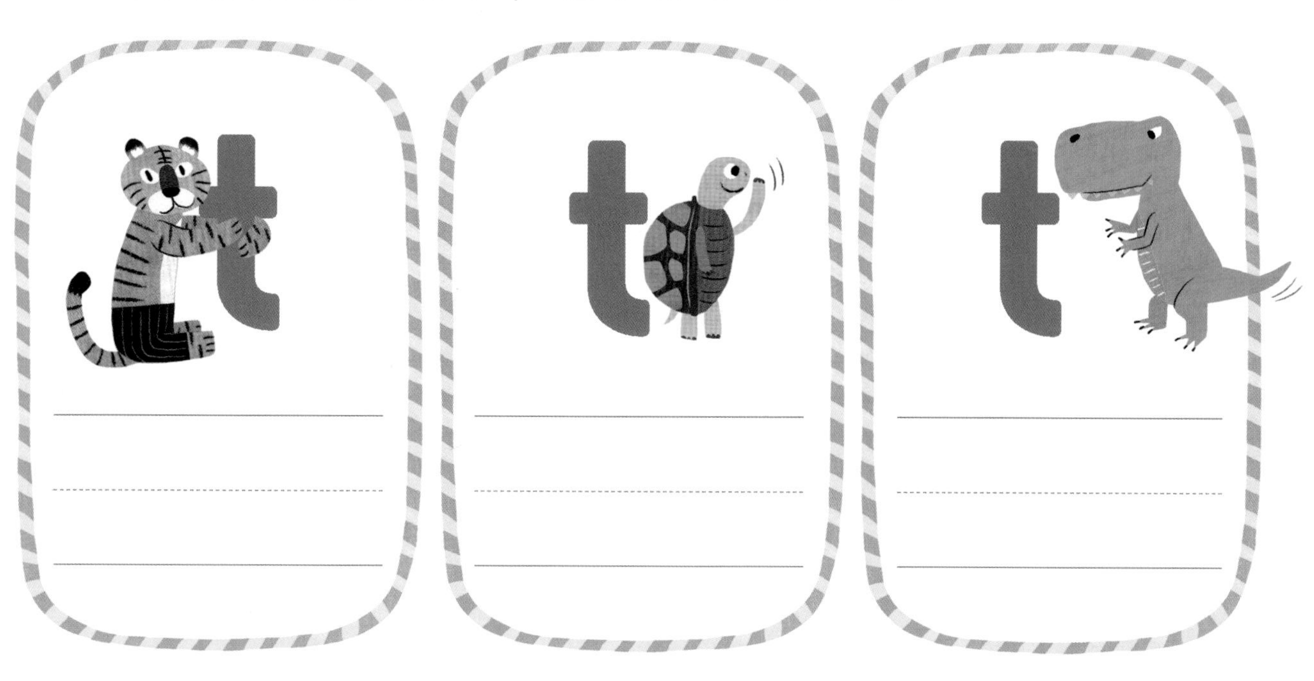

소문자 t 동물 이야기

tiger 호랑이, **turtle** 거북이, **t-rex** 티라노사우르스

대문자처럼, 여기 있는 동물들이 소문자 t로 시작한다는 것만 알려 주세요.

거북이는 물속에서 겨울잠을 자는데, 잠자는 동안은 항문으로 숨을 쉬어요.

UNIT 21 소문자 u

● 점선을 따라 순서대로 써 보세요.

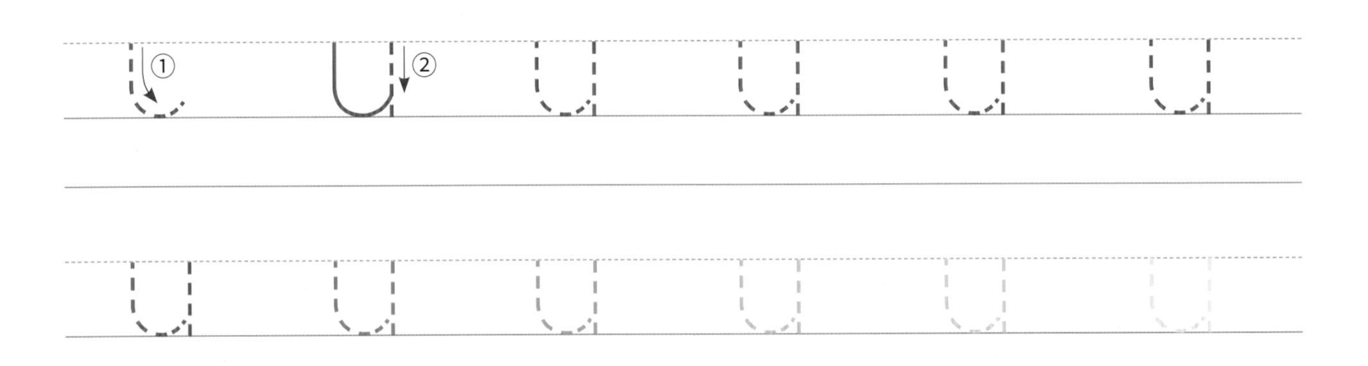

● 점을 이어서 써 보세요.

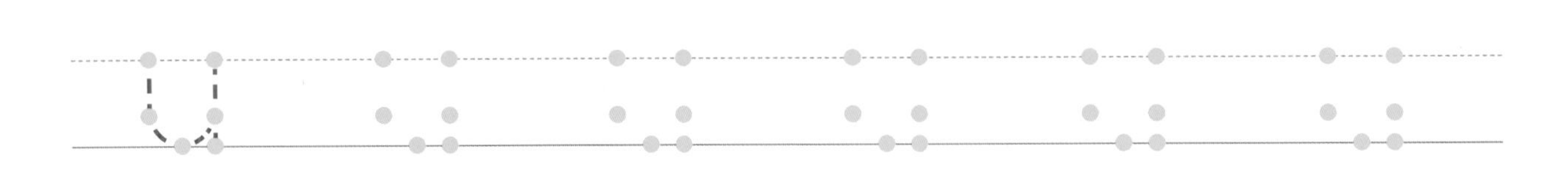

● 출발점부터 시작해서 써 보세요.

• 유니콘과 친구들이 빗속에서 놀고 있어요. 소문자 u가 쓰여진 우산을 색칠하세요.

• u로 시작하는 동물들을 확인하고, 소문자 u를 예쁘게 써 보세요.

소문자 u 동물 이야기

unicorn 유니콘, **umbrella bird** 우산새

대문자처럼, 여기 있는 동물들이 소문자 u로 시작한다는 것만 알려 주세요.

우산새는 머리 위의 커다란 깃이 마치 우산과 비슷하다고 해서 붙여진 이름이래요.

UNIT 22 소문자 v

● 점선을 따라 순서대로 써 보세요.

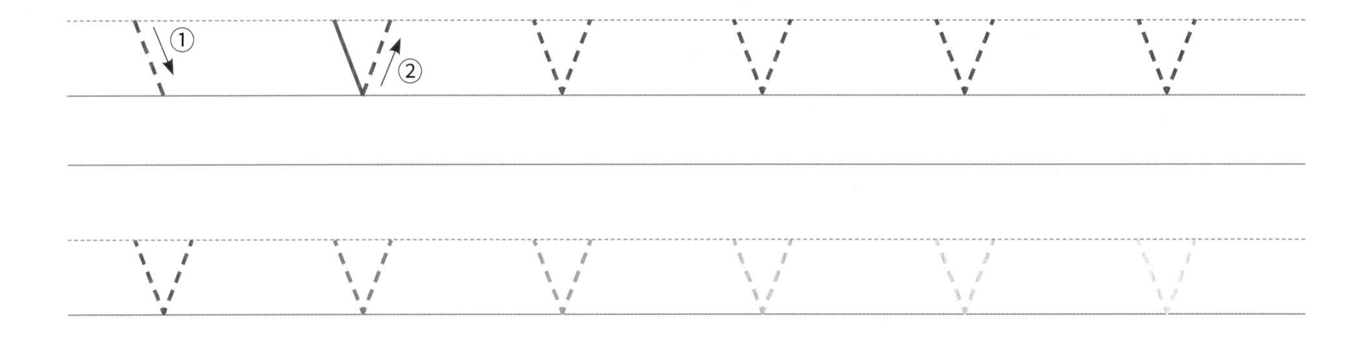

● 점을 이어서 써 보세요.

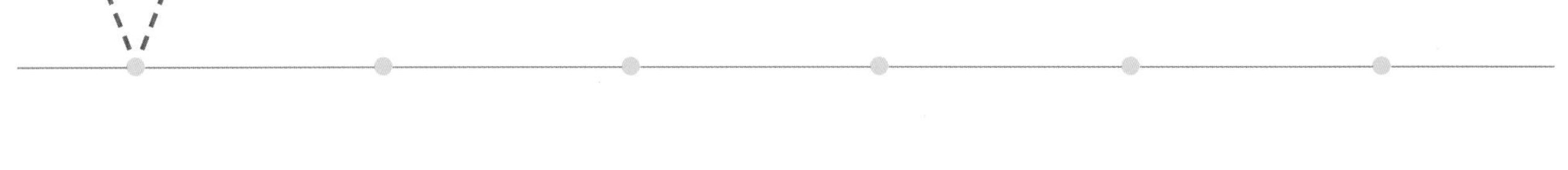

● 출발점부터 시작해서 써 보세요.

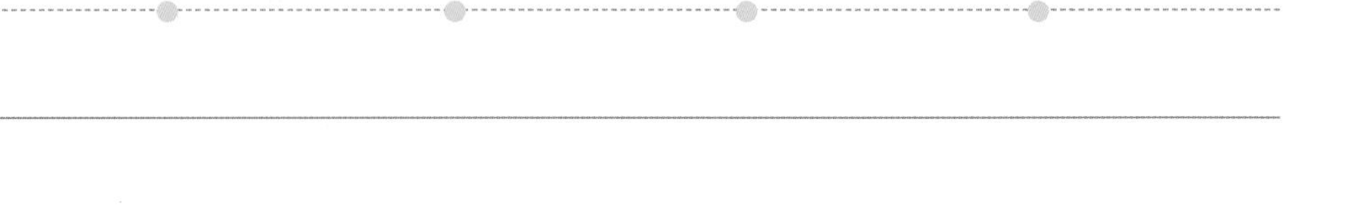

● 독수리가 친구 들쥐와 흡혈 박쥐를 만날 수 있도록 소문자 v를 따라가 보세요.

● v로 시작하는 동물들을 확인하고, 소문자 v를 예쁘게 써 보세요.

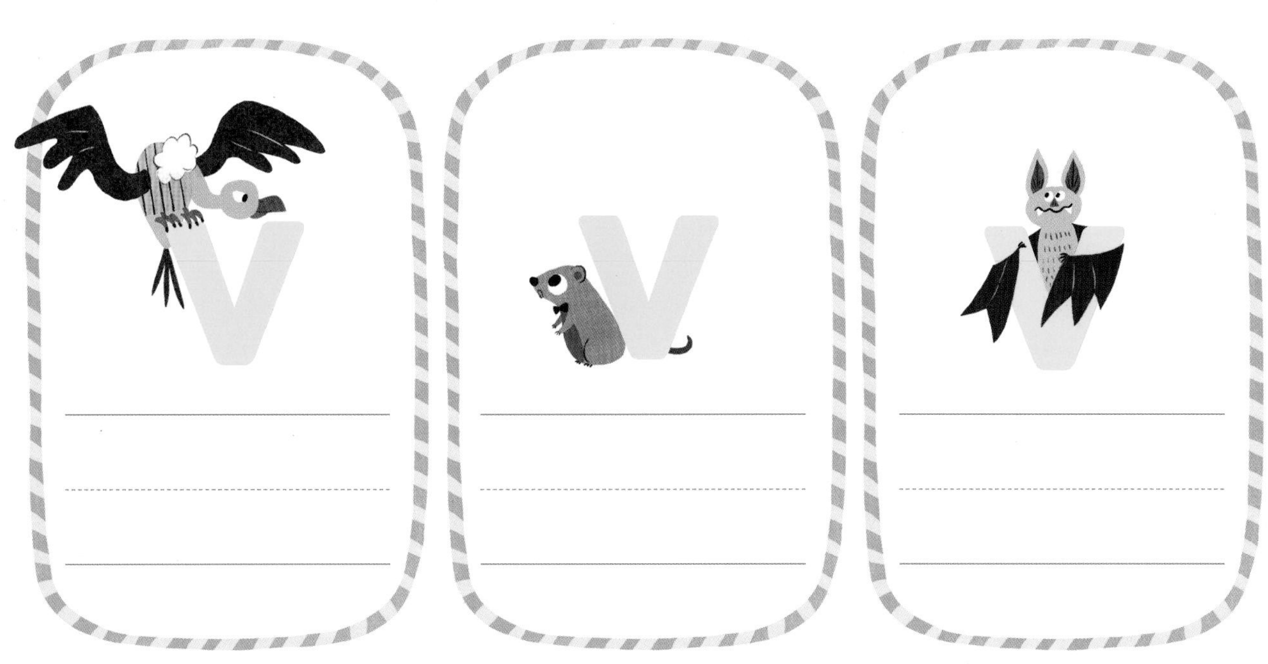

소문자 v 동물 이야기

vulture 독수리, **vole** 들쥐, **vampire bat** 흡혈 박쥐

대문자처럼, 여기 있는 동물들이 소문자 v로 시작한다는 것만 알려 주세요.

독수리는 시력이 좋아서
높은 하늘 위에서도 땅에 있는
먹잇감을 잘 찾아요.

UNIT 23 소문자 w

● 점선을 따라 순서대로 써 보세요.

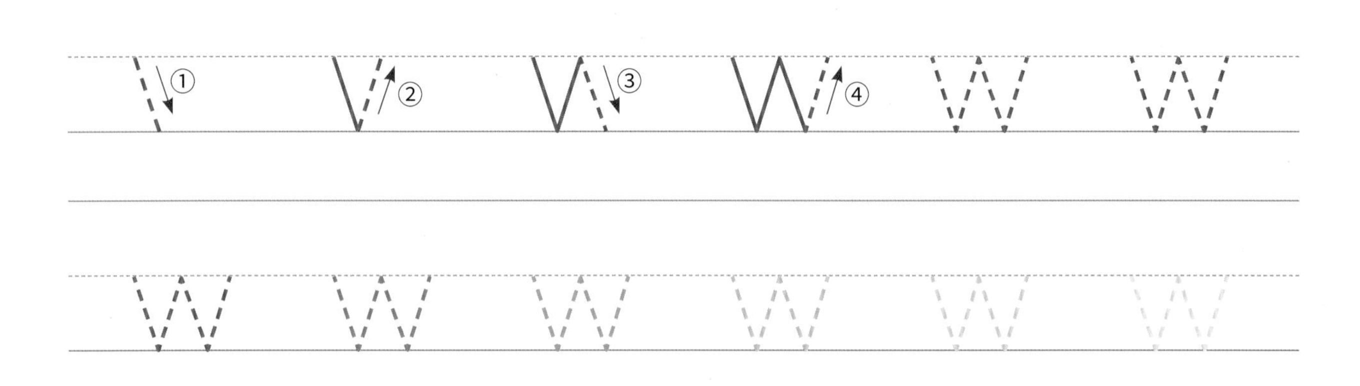

● 점을 이어서 써 보세요.

● 출발점부터 시작해서 써 보세요.

● 늑대가 친구들과 물놀이를 하고 있어요. 소문자 w를 찾아 동그라미 하세요.

● w로 시작하는 동물들을 확인하고, 소문자 w를 예쁘게 써 보세요.

소문자 w 동물 이야기

wolf 늑대, **worm** 벌레, **whale** 고래

고래는 물고기와 달리 젖을 먹고 자라는 동물이에요.

대문자처럼, 여기 있는 동물들이 소문자 w로 시작한다는 것만 알려 주세요.

UNIT 24 소문자 x

● 점선을 따라 순서대로 써 보세요.

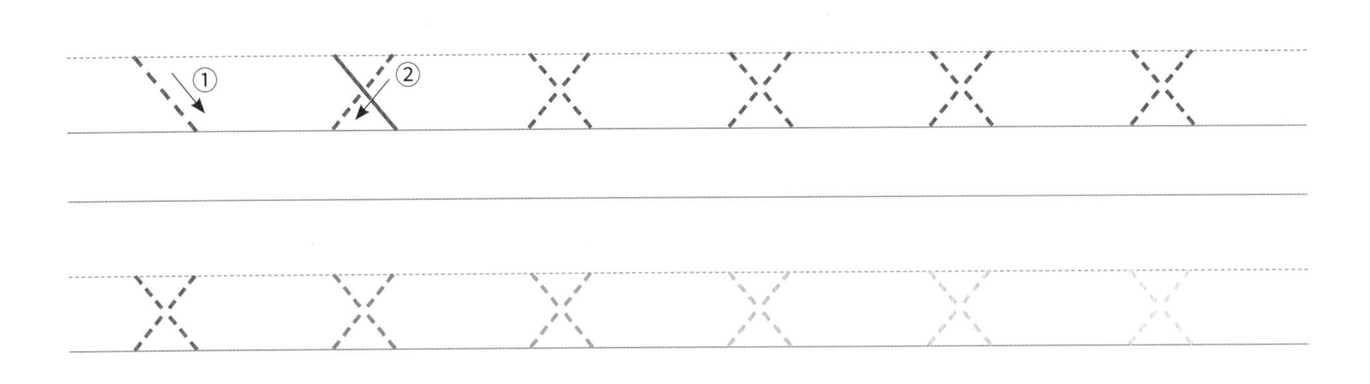

● 점을 이어서 써 보세요.

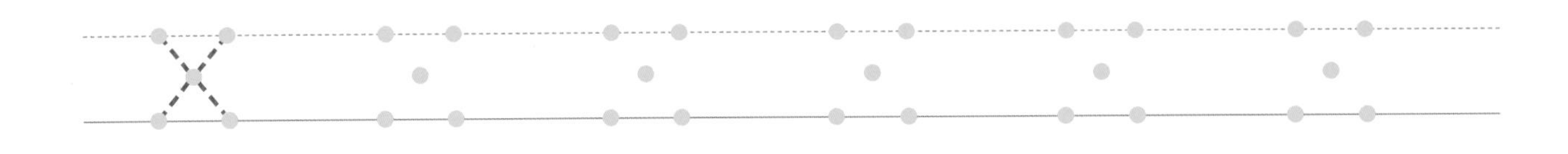

● 출발점부터 시작해서 써 보세요.

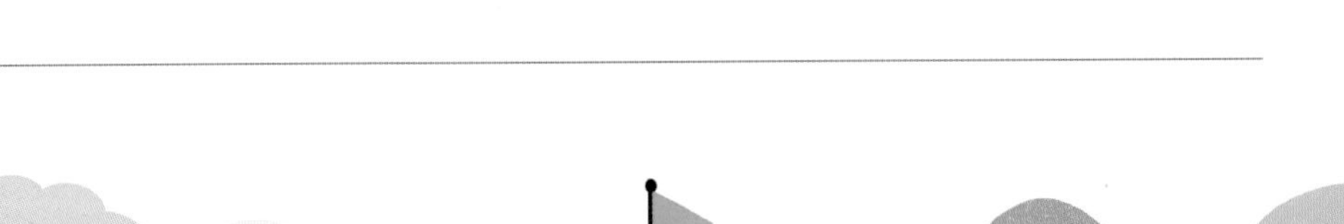

● 제놉스 새가 친구 엑스레이 물고기를 만날 수 있도록 소문자 x를 따라가 보세요.

● x로 시작하는 동물들을 확인하고, 소문자 x를 예쁘게 써 보세요.

소문자 x 동물 이야기

xenops 제놉스 새, **x-ray fish** 엑스레이 물고기

대문자처럼, 여기 있는 동물들이 소문자 x로 시작한다는 것만 알려 주세요.

제놉스 새는 암컷과 수컷이 함께 둥지를 만들고, 서로 번갈아 가며 새끼를 돌봐요.

UNIT 25 소문자 y

● 점선을 따라 순서대로 써 보세요.

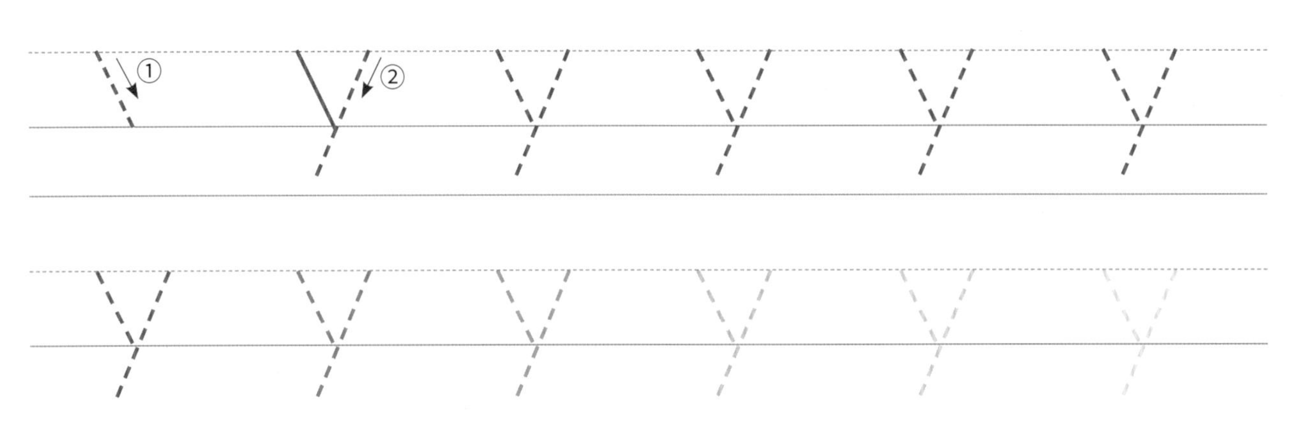

● 점을 이어서 써 보세요.

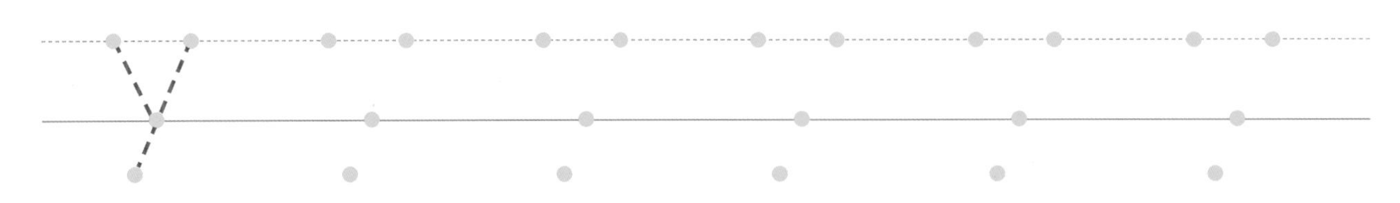

● 출발점부터 시작해서 써 보세요.

● 야크가 친구들과 요요를 가지고 놀고 있어요. 소문자 y가 쓰여진 요요에 스티커를 붙이세요.

● y로 시작하는 동물들을 확인하고, 소문자 y를 예쁘게 써 보세요.

소문자 y 동물 이야기

yak 야크, **yellow bird** 노란 방울새

대문자처럼, 여기 있는 동물들이 소문자 y로 시작한다는 것만 알려 주세요.

야크는 사람에게 고기, 우유, 털을 주는 유용한 동물이에요. 심지어 똥도 연료로 사용한답니다.

UNIT 26 소문자 z

● 점선을 따라 순서대로 써 보세요.

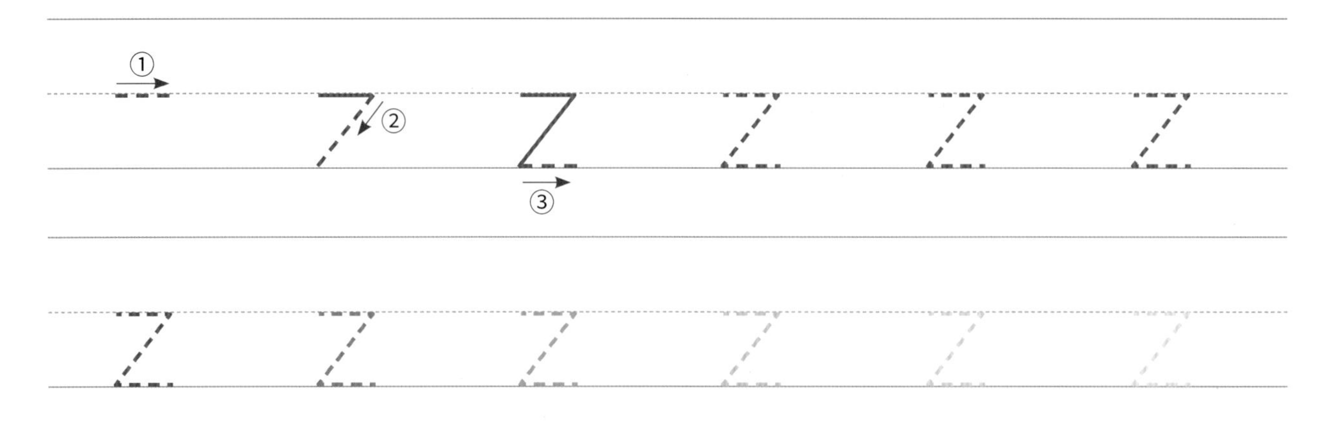

● 점을 이어서 써 보세요.

● 출발점부터 시작해서 써 보세요.

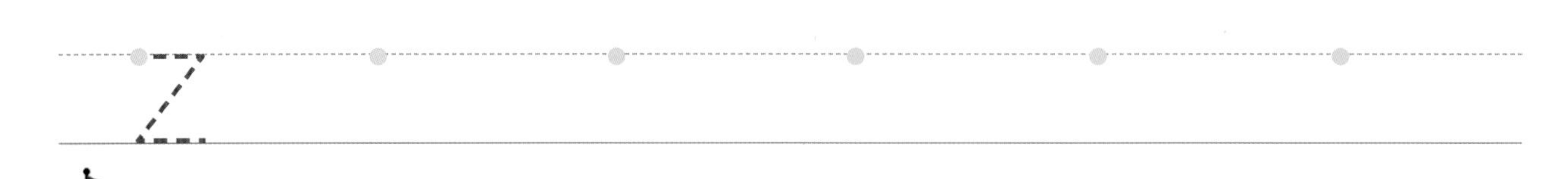

● 어떤 동물이 줄무늬를 가졌나요? 소문자 z가 쓰여진 줄무늬를 색칠하세요.

● z로 시작하는 동물들을 확인하고, 소문자 z를 예쁘게 써 보세요.

소문자 z 동물 이야기

zebra 얼룩말, **zebrafish** 줄무늬 열대어

대문자처럼, 여기 있는 동물들이 소문자 z로 시작한다는 것만 알려 주세요.

얼룩말의 줄무늬는 우리 손의 지문처럼 모두 달라서 얼룩말들은 줄무늬로 서로를 알아볼 수 있대요.

REVIEW 2 소문자 확인하기

● 다음 동물의 이름을 알파벳 하나씩 소리 내 읽어 보세요.

● 다음 동물에 쓰여 있는 소문자 알파벳을 읽고 두 번씩 써 보세요.

● 잘 듣고 다음 동물 이름의 첫 알파벳을 소문자로 써 보세요.

● 잘 듣고 들려 주는 알파벳을 연결하여, 재규어가 친구 자칼을 만날 수 있게 해 주세요.

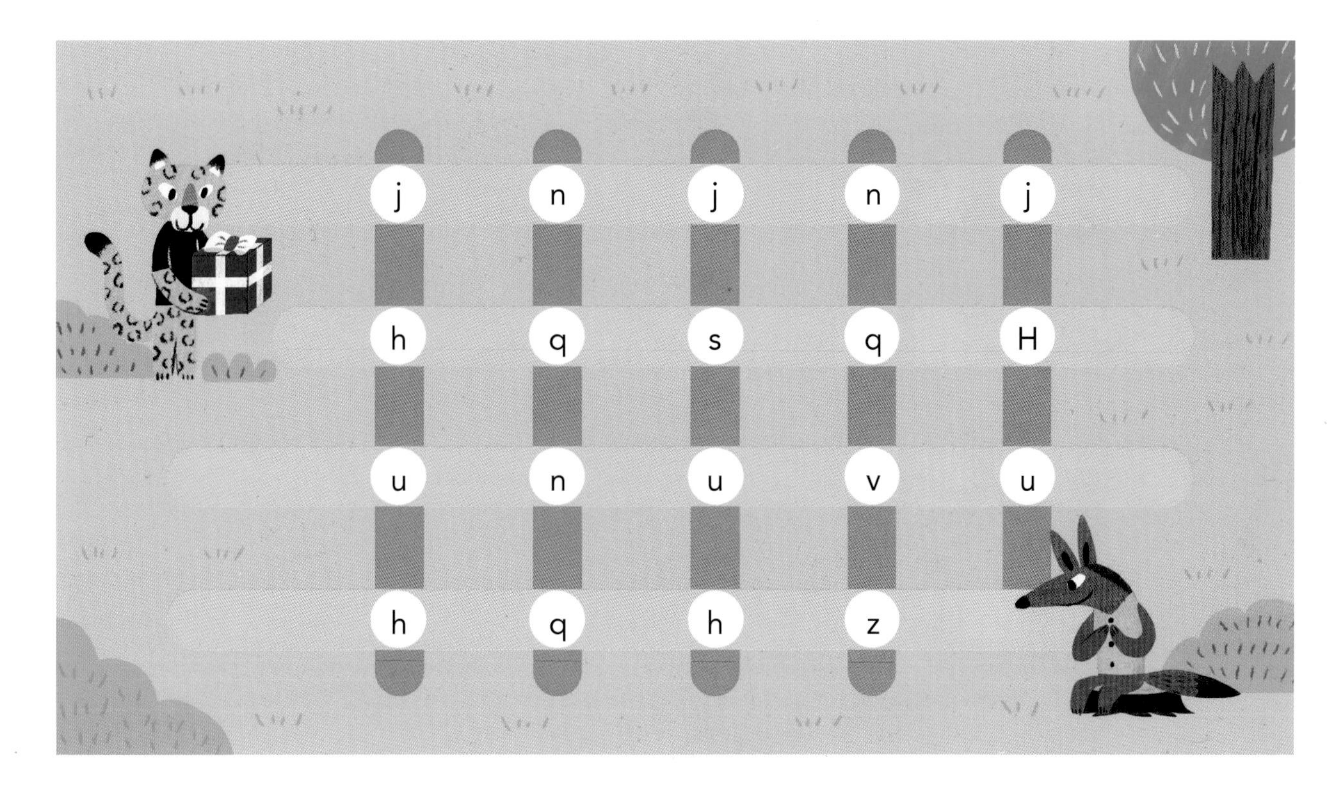

잘 모르는 알파벳이 있다면 앞으로 돌아가 복습해 주세요.
여기 나오는 단어를 모두 읽을 필요는 없어요.
각각의 알파벳을 듣고 읽고 쓸 수 있도록 지도해 주세요.

PART 3 대문자와 소문자
동물 친구들이 모두 다 함께 숲속 놀이터에 놀러 왔어요.
어떤 동물들이 놀이터에서 놀고 있는지 한번 찾아볼까요?

UNIT 1 대문자 · 소문자 정리하기

● 앞에서 배운 A~Z까지 모든 알파벳의 대문자와 소문자를 다시 한번 써 보세요.

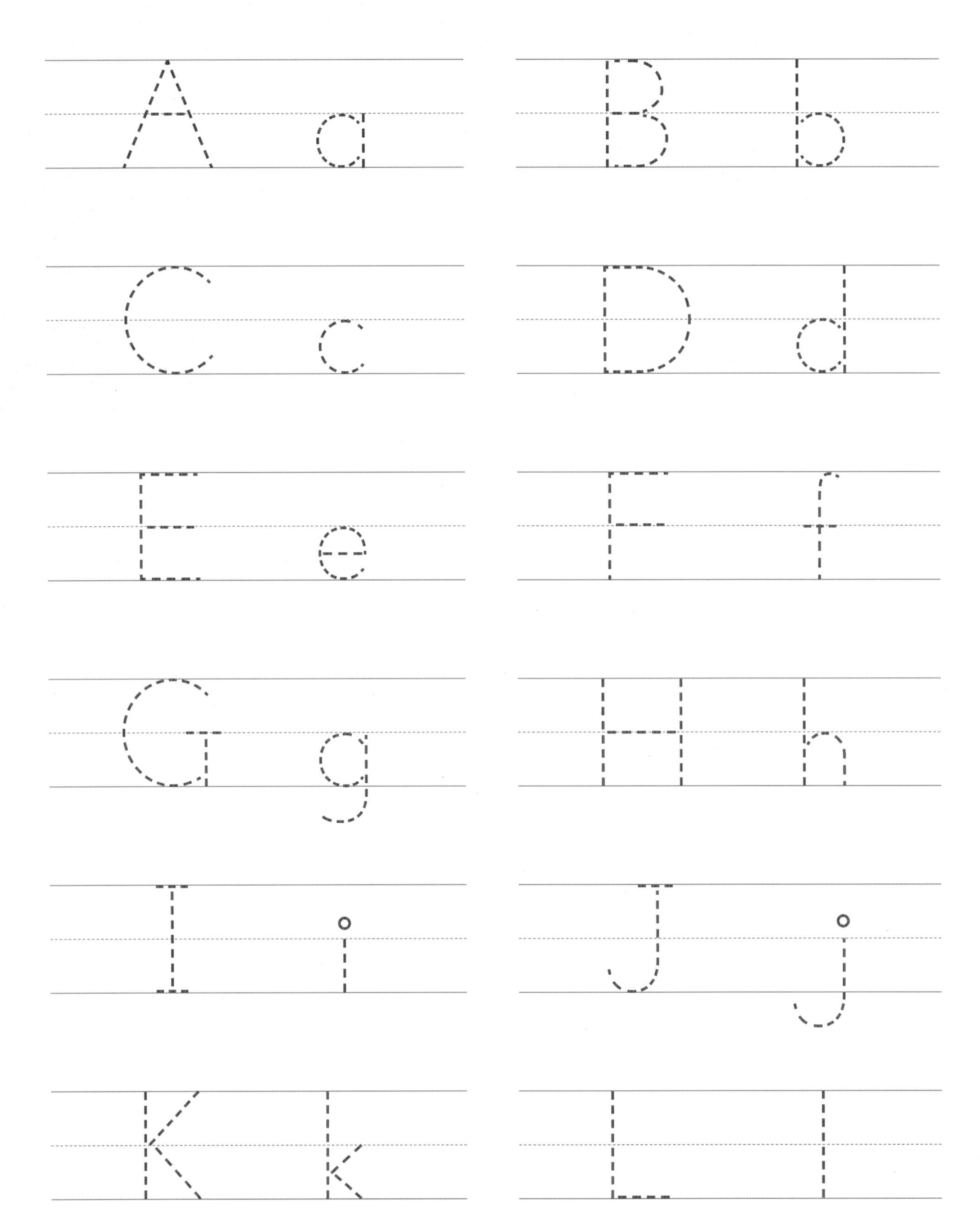

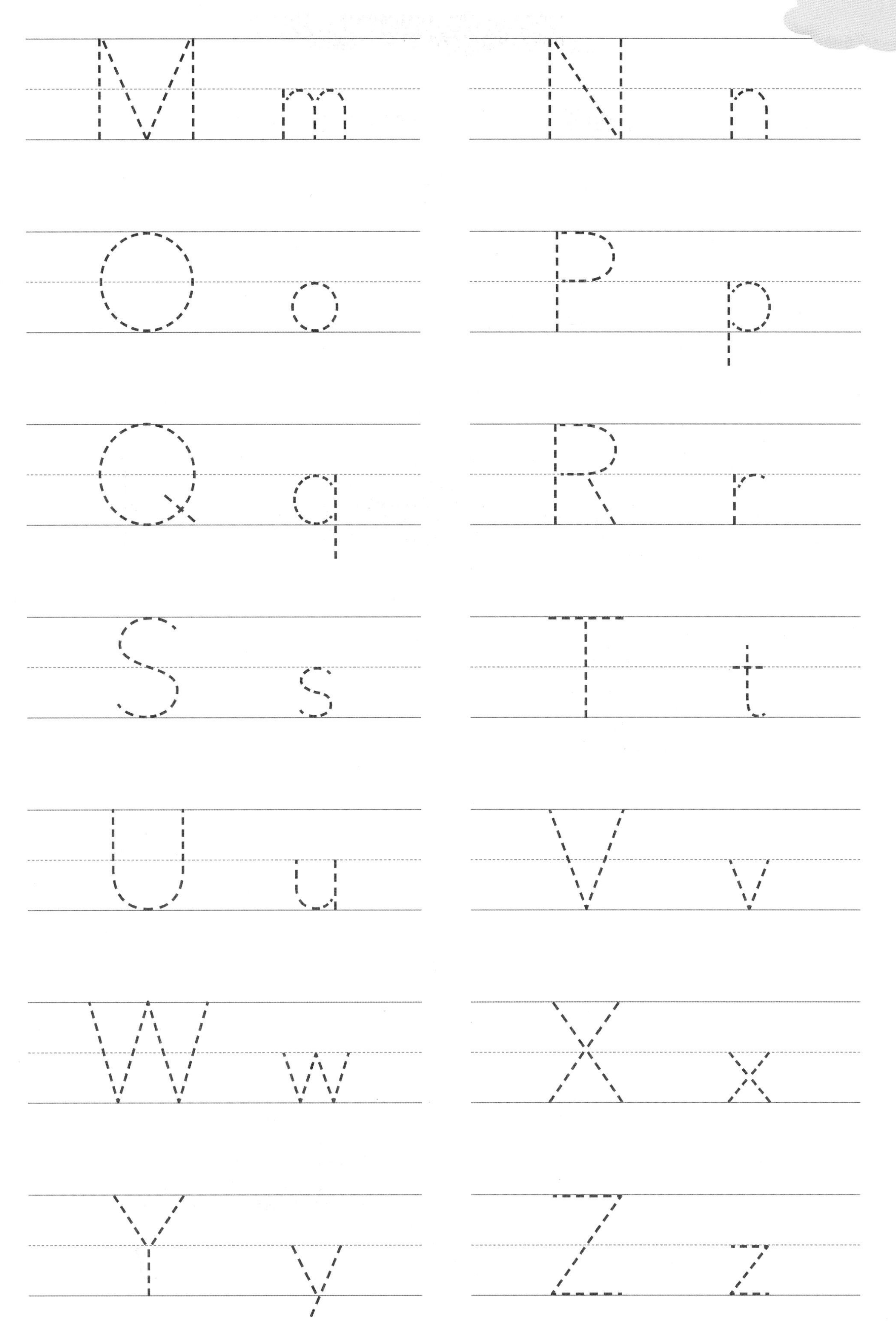

UNIT 2 대문자 · 소문자 짝 찾기

- 대문자와 소문자의 짝을 찾아, 알파벳에 지정된 색깔대로 색칠하세요.

A, a 빨간색 / B, b 주황색 / C, c 노란색 / D, d 초록색
E, e 파란색 / F, f 분홍색 / G, g 보라색 / H, h 자신이 원하는 색

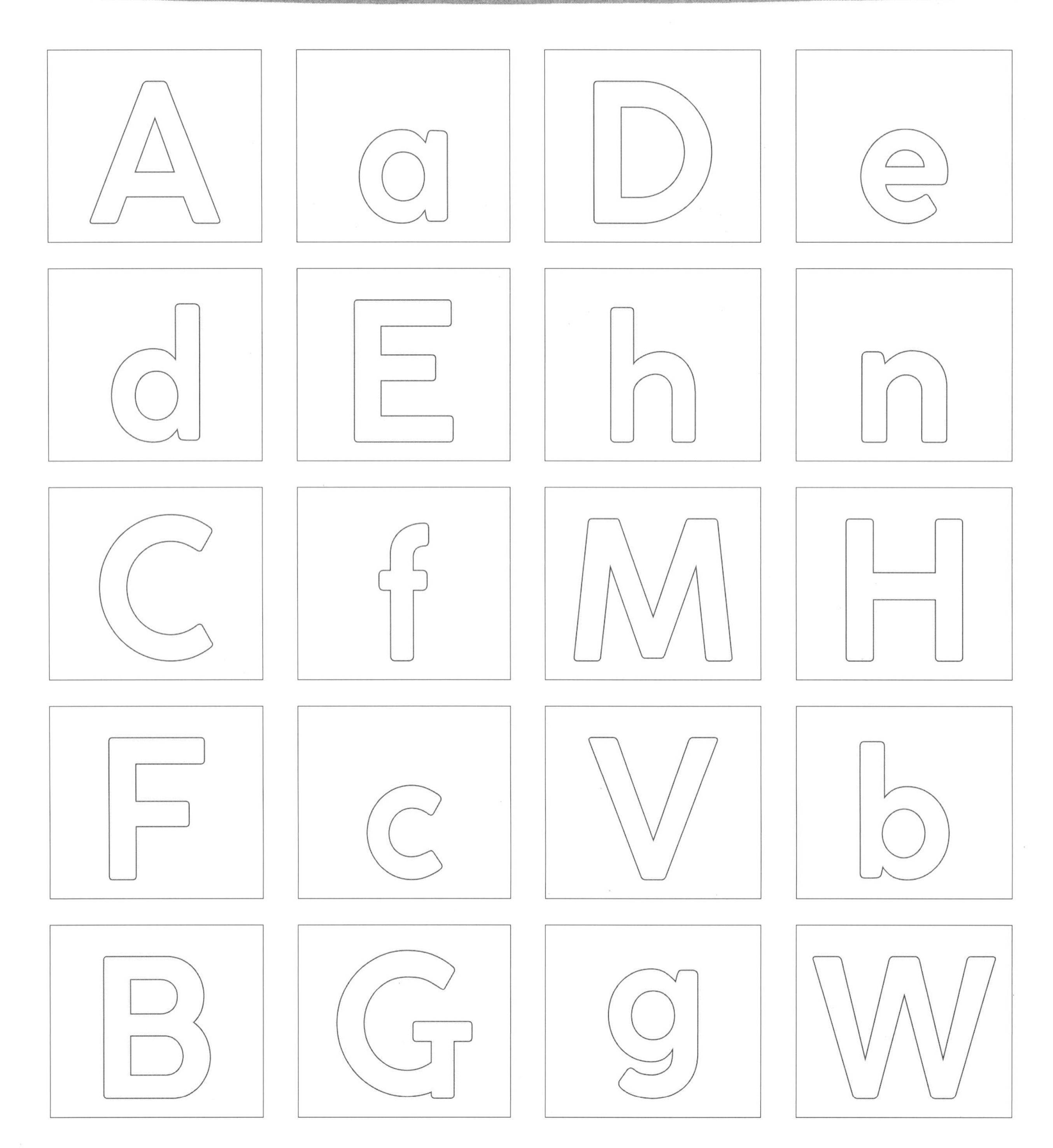

● 대문자와 소문자의 짝을 찾아, 알파벳에 지정된 색깔대로 풍선을 색칠하세요.

K, k 노란색 / L, l 파란색 / R, r 빨간색 / Y, y 초록색

UNIT 3 대문자 · 소문자 읽기

● 악어가 친구 개미를 만나러 갑니다. 길 위에 적혀 있는 알파벳을 읽어 보세요.

● 코끼리가 친구 에뮤를 만나러 갑니다. 길 위에 적혀 있는 알파벳을 읽어 보세요.

● 다음 동물 이름이 어떤 알파벳으로 시작하는지 큰 소리로 읽고 스티커를 붙이세요.

● 왼쪽에 있는 동물의 그림자를 찾아 연결하고 알파벳을 소리 내 읽어 보세요.

UNIT 4 대문자 · 소문자 쓰기

- 보석 상자에서 알파벳을 골라 가장 좋아하는 순서대로 다섯 번씩 쓰세요.

1

2

3

4

5

6

7

● 알파벳 대문자 A~Z까지의 점을 연결하여 멋진 성을 완성해 보세요.

● 알파벳 소문자 a~z까지의 점을 연결하여 예쁜 사과나무를 완성해 보세요.

UNIT 5 대문자 · 소문자 짝 쓰기

● 동물들이 타고 있는 기차에 각 알파벳의 대문자와 소문자가 짝을 이루도록 빈칸을 채워 보세요.

d
e
F
G
H
L
k
j
I
v
W
x
Y
z

TEST 대문자 · 소문자 확인하기

1. 잘 듣고 알맞은 알파벳을 골라 동그라미 하세요.

① S c　　② d K　　③ m N

2. 잘 듣고 다음 동물 이름의 첫 알파벳이 맞으면 O, 틀리면 X 하세요.

3. 다음 동물의 모습에 맞는 대문자 알파벳을 쓰세요.

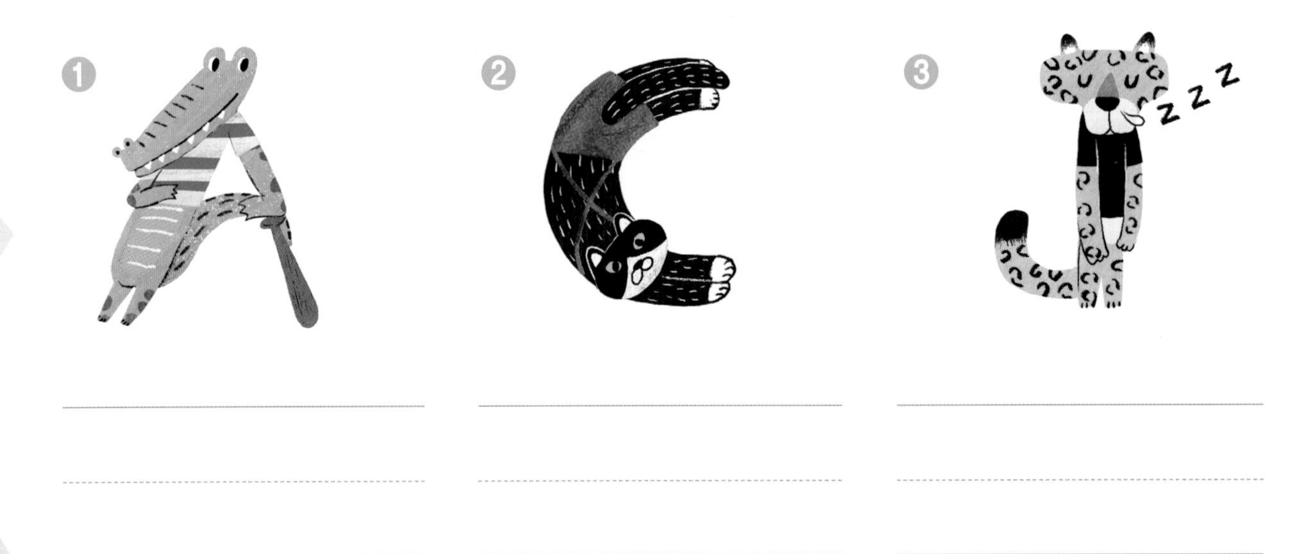

4. 다음 동물의 모습에 맞는 소문자 알파벳을 쓰세요.

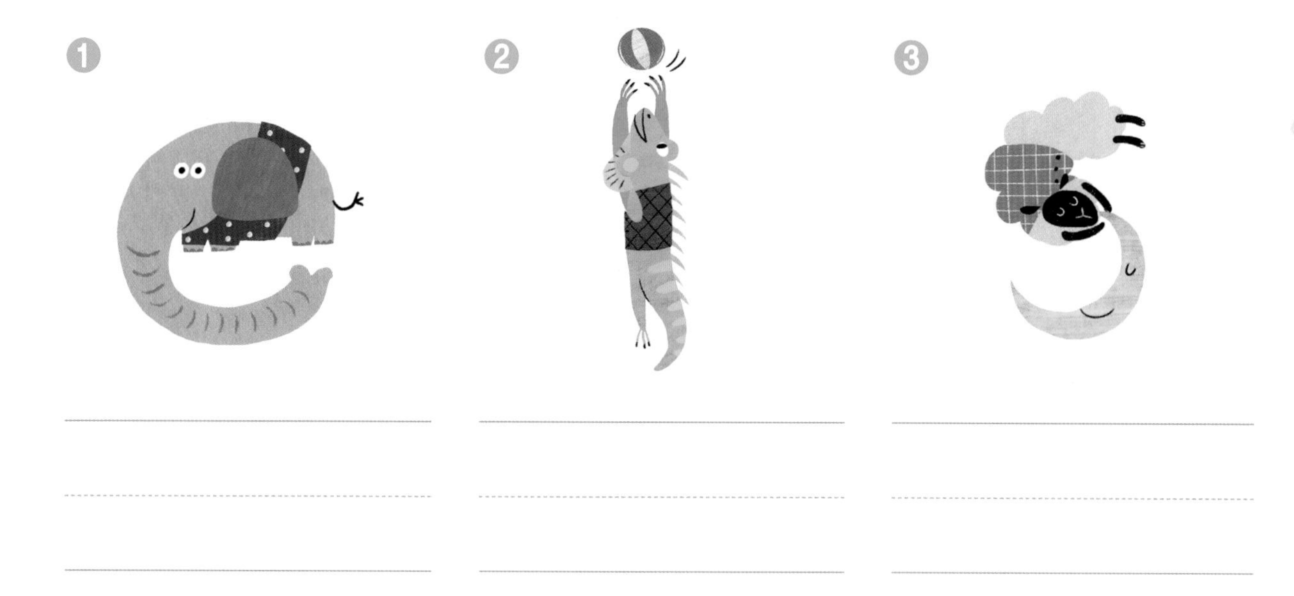

5. 다음 동물에 해당하는 알파벳을 읽어 보세요.

6. 알파벳의 대문자와 소문자가 짝을 이루도록 선으로 연결하세요.

7. 알파벳이 순서대로 놓이도록 빈칸에 알맞은 알파벳을 써넣으세요.

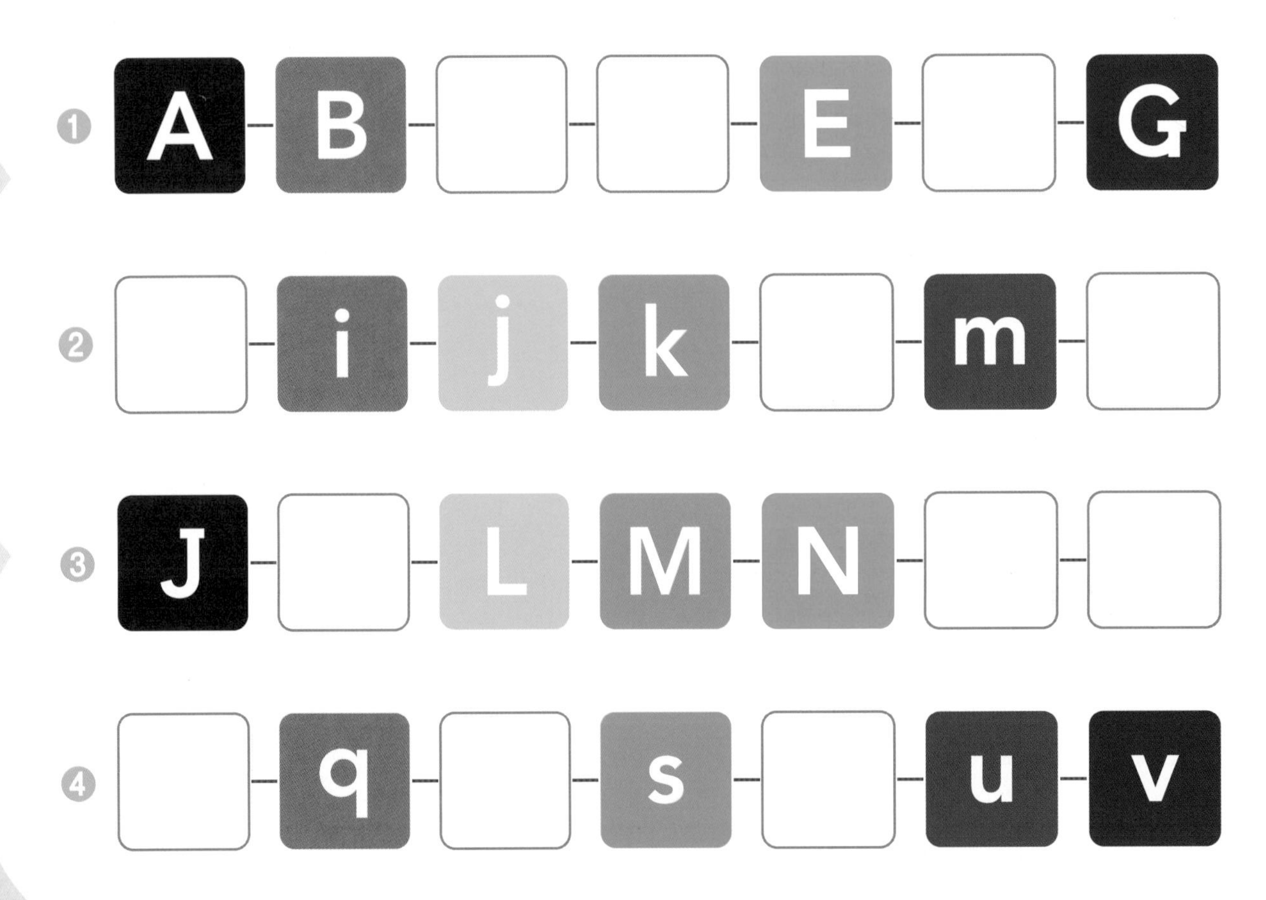

8. 다음 알파벳을 보고 대문자는 소문자로, 소문자는 대문자로 써 보세요.

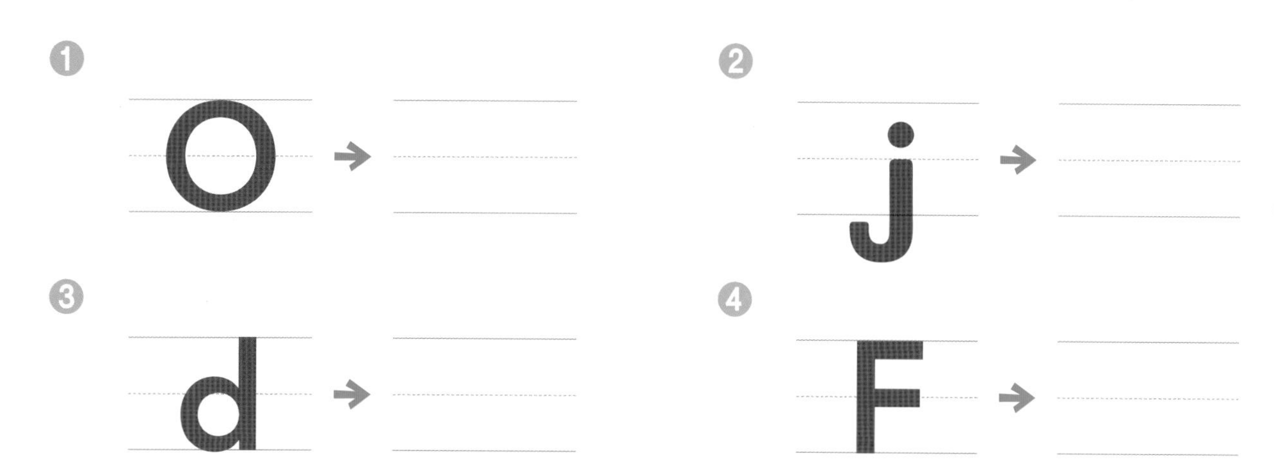

9. 다음 동물 이름의 첫 알파벳을 대문자로 써 보세요.

10. 다음 동물 이름의 첫 알파벳을 소문자로 써 보세요.

메모

정답

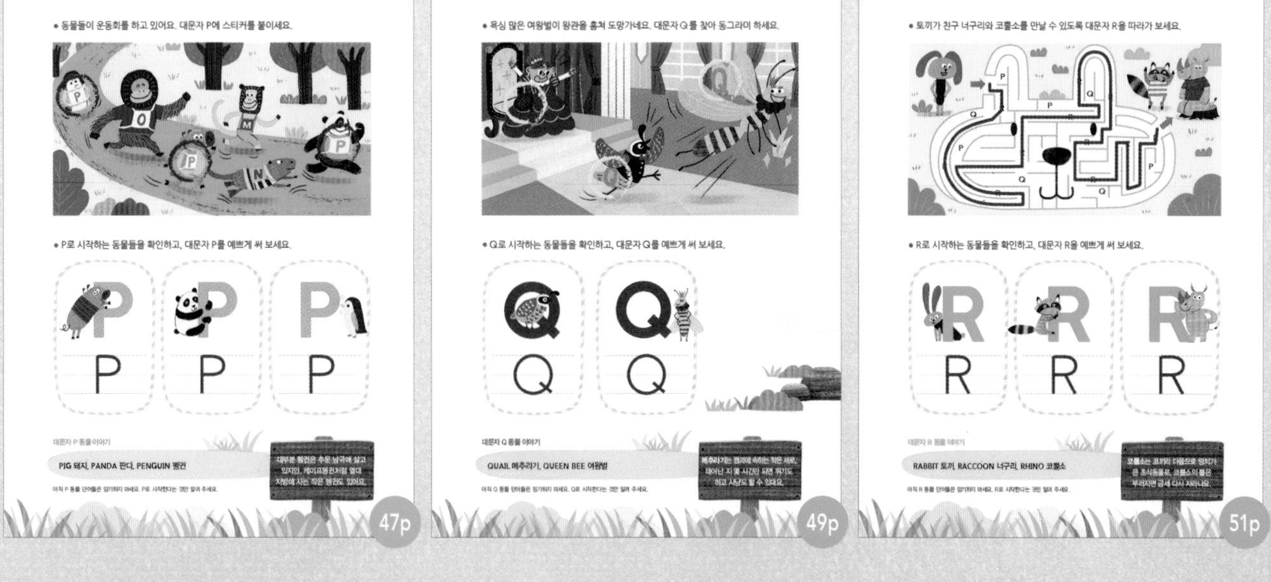

53p
55p
57p
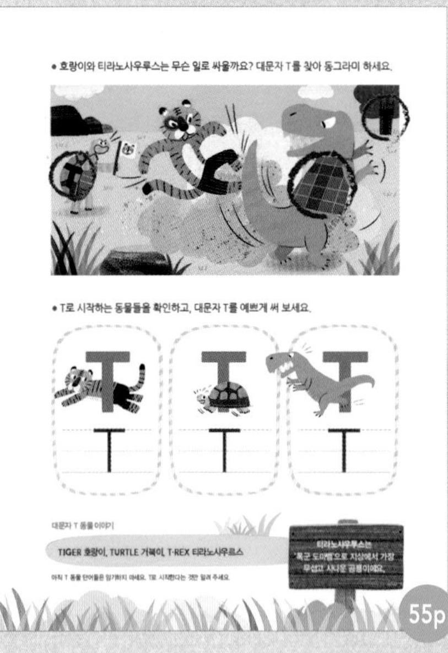

59p
61p
63p

65p
67p

69p

73p
75p
77p
79p
81p
83p

85p
87p
89p

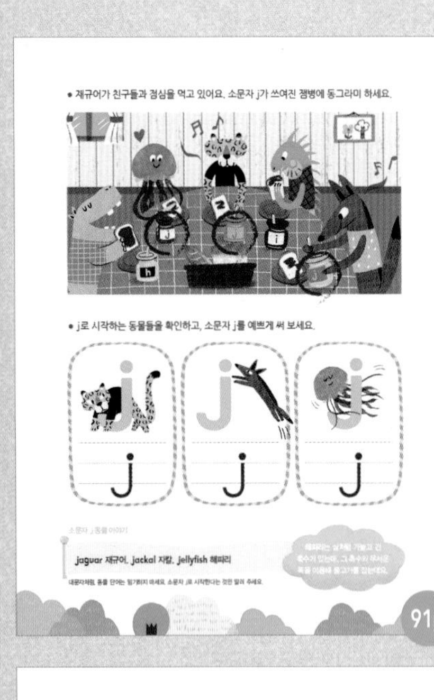
jaguar 재규어, jackal 자칼, jellyfish 해파리
91p

koala 코알라, kangaroo 캥거루, kiwi 키위 새
93p

lion 사자, leopard 표범, lizard 도마뱀
95p

monkey 원숭이, mouse 쥐, moose 무스
97p

nutria 뉴트리아, newt 영원, nightingale 나이팅게일
99p

orangutan 오랑우탄, owl 부엉이·올빼미, octopus 문어
101p

pig 돼지, panda 판다, penguin 펭귄
103p

quail 메추라기, queen bee 여왕벌
105p

rabbit 토끼, raccoon 너구리, rhino 코뿔소
107p

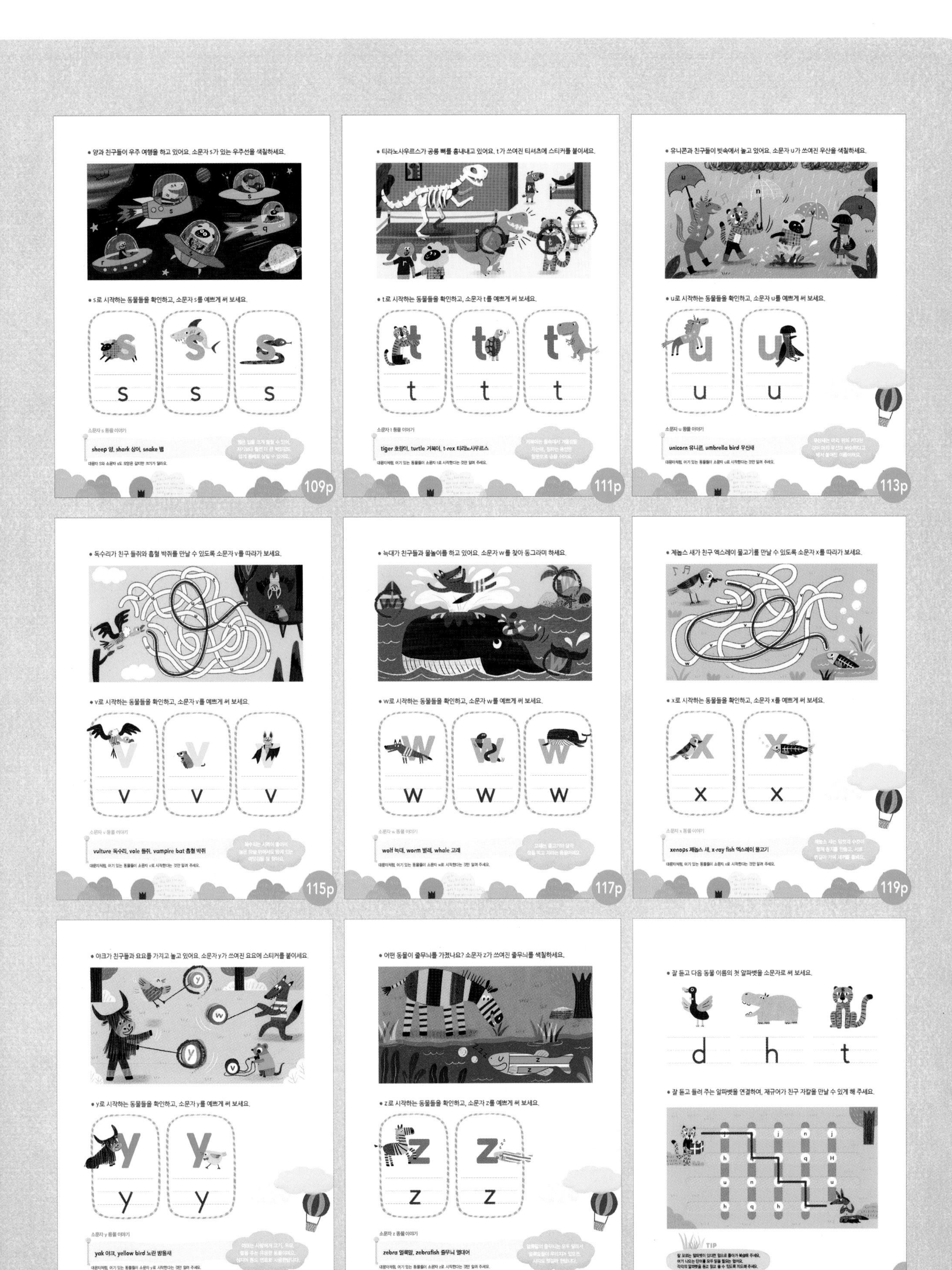

양과 친구들이 우주 여행을 하고 있어요. 소문자 s가 있는 우주선을 색칠하세요.
s로 시작하는 동물들을 확인하고, 소문자 s를 예쁘게 써 보세요.
s s s
sheep 양, shark 상어, snake 뱀
109p
티라노사우루스가 공룡 뼈를 흉내내고 있어요. t가 쓰여진 티셔츠에 스티커를 붙이세요.
t로 시작하는 동물들을 확인하고, 소문자 t를 예쁘게 써 보세요.
t t t
tiger 호랑이, turtle 거북이, t-rex 티라노사우루스
111p
유니콘과 친구들이 빗속에서 놀고 있어요. 소문자 u가 쓰여진 우산을 색칠하세요.
u로 시작하는 동물들을 확인하고, 소문자 u를 예쁘게 써 보세요.
u u
unicorn 유니콘, umbrella bird 우산새
113p
독수리가 친구 들쥐와 흡혈 박쥐를 만날 수 있도록 소문자 v를 따라가 보세요.
v로 시작하는 동물들을 확인하고, 소문자 v를 예쁘게 써 보세요.
v v v
vulture 독수리, vole 들쥐, vampire bat 흡혈 박쥐
115p
늑대가 친구들과 물놀이를 하고 있어요. 소문자 w를 찾아 동그라미 하세요.
w로 시작하는 동물들을 확인하고, 소문자 w를 예쁘게 써 보세요.
w w w
wolf 늑대, worm 벌레, whale 고래
117p
제놉스 새가 친구 엑스레이 물고기를 만날 수 있도록 소문자 x를 따라가 보세요.
x로 시작하는 동물들을 확인하고, 소문자 x를 예쁘게 써 보세요.
x x
xenops 제놉스 새, x-ray fish 엑스레이 물고기
119p
야크가 친구들과 요요를 가지고 놀고 있어요. 소문자 y가 쓰여진 요요에 스티커를 붙이세요.
y로 시작하는 동물들을 확인하고, 소문자 y를 예쁘게 써 보세요.
y y
yak 야크, yellow bird 노란 방울새
121p
어떤 동물이 줄무늬를 가졌나요? 소문자 z가 쓰여진 줄무늬를 색칠하세요.
z로 시작하는 동물들을 확인하고, 소문자 z를 예쁘게 써 보세요.
z z
zebra 얼룩말, zebrafish 줄무늬 열대어
123p
잘 듣고 다음 동물 이름의 첫 알파벳을 소문자로 써 보세요.
d h t
잘 듣고 들려 주는 알파벳을 연결하여, 재규어가 친구 자칼을 만날 수 있게 해 주세요.
TIP
125p

UNIT 2 대문자 · 소문자 짝 찾기

• 대문자와 소문자의 짝을 찾아, 알파벳에 지정된 색깔대로 색칠하세요.

A, a 빨간색 / B, b 주황색 / C, c 노란색 / D, d 초록색
E, e 파란색 / F, f 분홍색 / G, g 보라색 / H, h 자신이 원하는 색

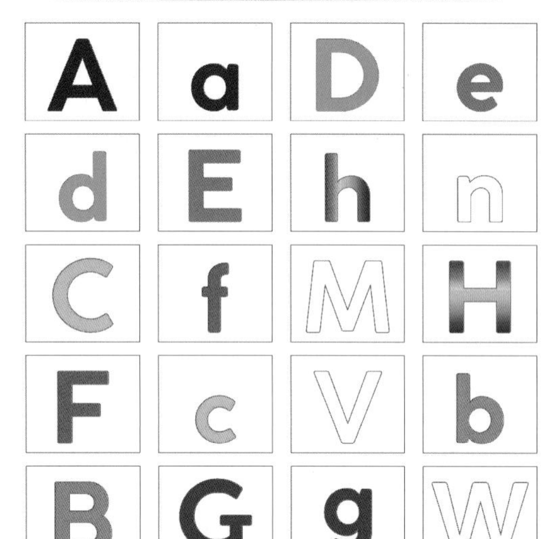

130

• 대문자와 소문자의 짝을 찾아, 알파벳에 지정된 색깔대로 풍선을 색칠하세요.

K, k 노란색 / L, l 파란색 / R, r 빨간색 / Y, y 초록색

131

131p

UNIT 3 대문자 · 소문자 읽기

• 악어가 친구 개미를 만나러 갑니다. 길 위에 적혀 있는 알파벳을 읽어 보세요.

• 코끼리가 친구 에뮤를 만나러 갑니다. 길 위에 적혀 있는 알파벳을 읽어 보세요.

132

• 다음 동물 이름이 어떤 알파벳으로 시작하는지 큰소리로 읽고 스티커를 붙이세요.

• 왼쪽에 있는 동물의 그림자를 찾아 연결하고 알파벳을 소리 내 읽어 보세요.

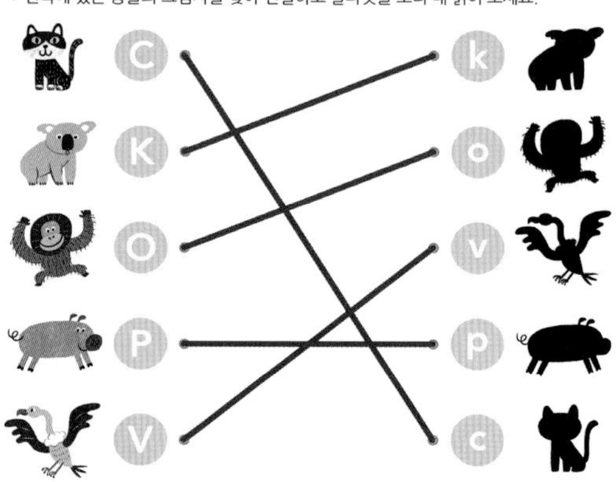

133

133p

UNIT 4 대문자 · 소문자 쓰기

● 보석 상자에서 알파벳을 골라 가장 좋아하는 순서대로 다섯 번씩 쓰세요.

● 알파벳 대문자 A~Z까지의 점을 연결하여 멋진 성을 완성해 보세요.

● 알파벳 소문자 a~z까지의 점을 연결하여 예쁜 사과나무를 완성해 보세요.

135p

UNIT 5 대문자 · 소문자 짝 쓰기

● 동물들이 타고 있는 기차에 각 알파벳의 대문자와 소문자가 짝을 이루도록 빈칸을 채워 보세요.

137p

TEST 대문자 · 소문자 확인하기

1. 잘 듣고 알맞은 알파벳을 골라 동그라미 하세요.

❶ S (c) ❷ d (K) ❸ (m) N

2. 잘 듣고 다음 동물 이름의 첫 알파벳이 맞으면 O, 틀리면 X 하세요.

❶ X ❷ O ❸ O

3. 다음 동물의 모습에 맞는 대문자 알파벳을 쓰세요.

❶ A ❷ C ❸ J

138

4. 다음 동물의 모습에 맞는 소문자 알파벳을 쓰세요.

❶ e ❷ i ❸ s

5. 다음 동물에 해당하는 알파벳을 읽어 보세요.

❶ UNICORN ❷ TURTLE ❸ hippo ❹ octopus

139

139p

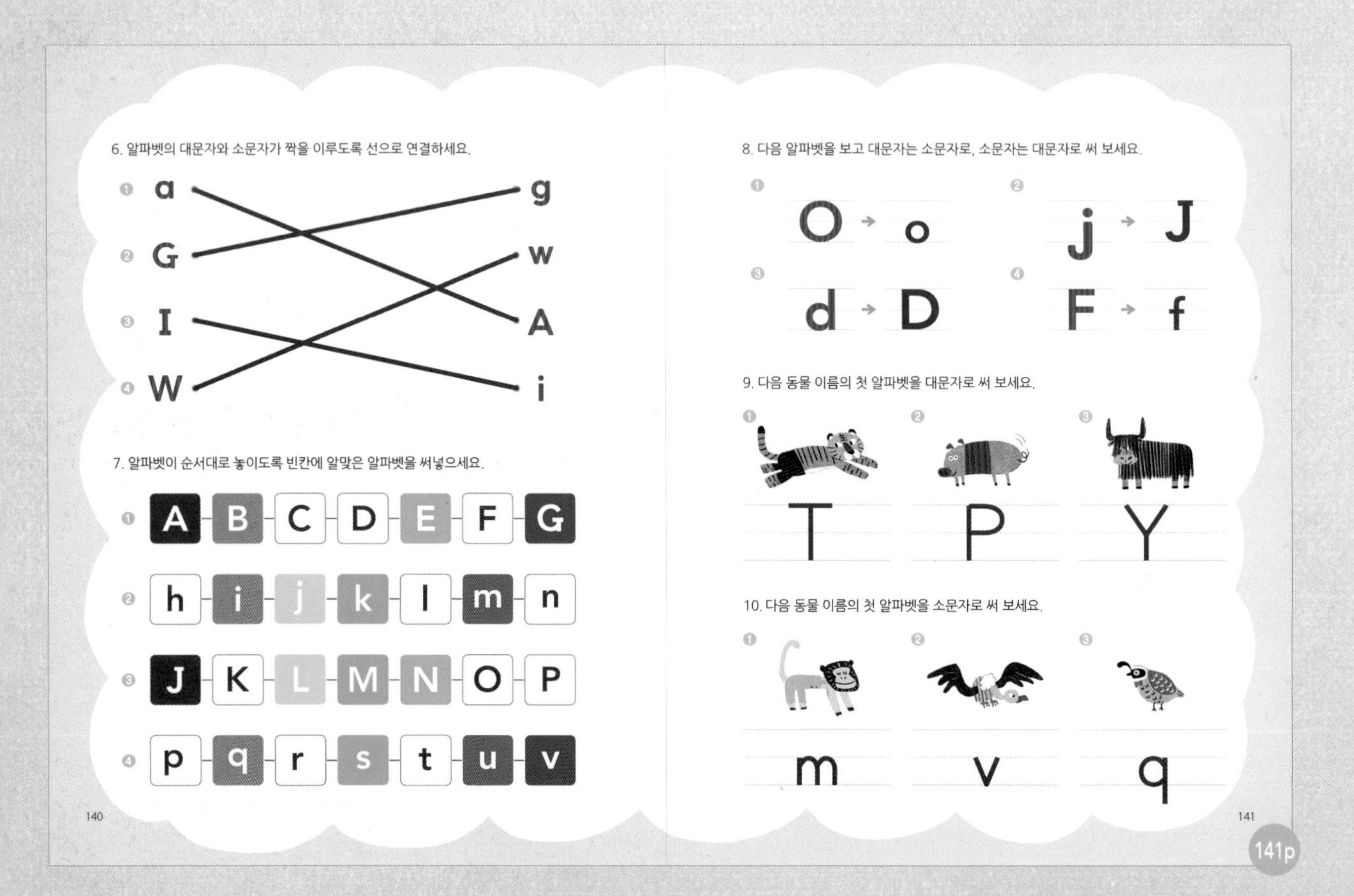

6. 알파벳의 대문자와 소문자가 짝을 이루도록 선으로 연결하세요.

❶ a — A
❷ G — g
❸ I — i
❹ W — w

7. 알파벳이 순서대로 놓이도록 빈칸에 알맞은 알파벳을 써넣으세요.

❶ A B C D E F G
❷ h i j k l m n
❸ J K L M N O P
❹ p q r s t u v

140

8. 다음 알파벳을 보고 대문자는 소문자로, 소문자는 대문자로 써 보세요.

❶ O → o ❷ j → J ❸ d → D ❹ F → f

9. 다음 동물 이름의 첫 알파벳을 대문자로 써 보세요.

❶ T ❷ P ❸ Y

10. 다음 동물 이름의 첫 알파벳을 소문자로 써 보세요.

❶ m ❷ v ❸ q

141

141p

Let's play with animal puppets and animal alphabet flashcards!

지금까지 배운 알파벳을 애니멀 퍼펫과 플래시 카드를 가지고 놀면서 다시 한번 익혀 보세요.

훨씬 더 쉽고 빠르게 알파벳과 친숙해질 거예요!

Let's play with animal puppets and animal alphabet flashcards!

귀여운 애니멀 퍼펫을 엄마와 함께 만들어 보세요!

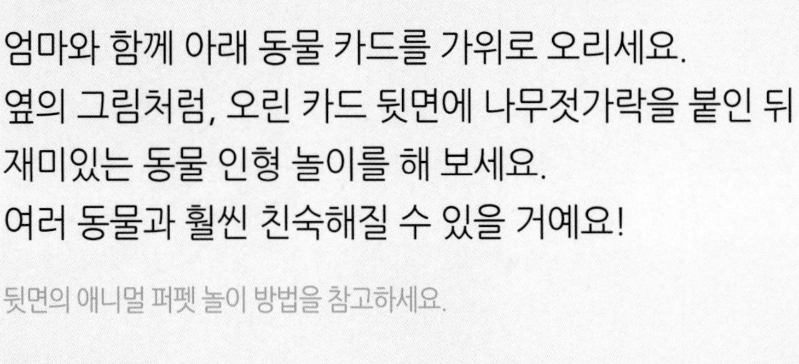

엄마와 함께 아래 동물 카드를 가위로 오리세요.
옆의 그림처럼, 오린 카드 뒷면에 나무젓가락을 붙인 뒤
재미있는 동물 인형 놀이를 해 보세요.
여러 동물과 훨씬 친숙해질 수 있을 거예요!

뒷면의 애니멀 퍼펫 놀이 방법을 참고하세요.

애니멀 퍼펫 놀이 이렇게 해 봐요!

게임 ❶

"My name is Alphabet." 알파벳 맞추기

- 엄마와 아이가 마음에 드는 애니멀 퍼펫을 하나씩 골라 들어요.
- 서로 영어로 인사하고, 이름을 물어요.
- 애니멀 퍼펫을 다양하게 골라 들고 활동을 반복해요.
- 동물 이름은 각 동물의 첫 알파벳으로 말하거나, 혹은 영어 단어로 답해요. 아이가 영어 단어를 알지 못해도 괜찮아요.

예시)

엄마 : Hi! What's your name?
안녕! 네 이름은 뭐니?

아이 : My name is A. 내 이름은 에이야.
My name is Alligator.
내 이름은 앨리게이터야.

게임 ❷

"Alphabet wins!" 알파벳 경주

- 식탁이나 책상 위에 줄을 긋거나 테이프를 길게 붙여 출발 지점과 도착 지점을 정해요.
- 엄마와 아이가 애니멀 퍼펫을 하나씩 골라요.
- 각자 고른 애니멀 퍼펫을 검지와 중지 사이에 끼우고 손끝을 구부린 후, 나란히 출발 지점에 손을 올려놓고 기다려요.
- 시작과 함께 손끝을 움직여 출발해서 도착 지점까지 누가 빨리 가는지 경주해요.
- 도착 지점에 먼저 도착한 사람이 함께 이긴 동물의 알파벳 또는 동물 이름을 외쳐요.

예시)

B wins! / Bear wins!

- 애니멀 퍼펫을 다양하게 골라 활동을 반복해요.

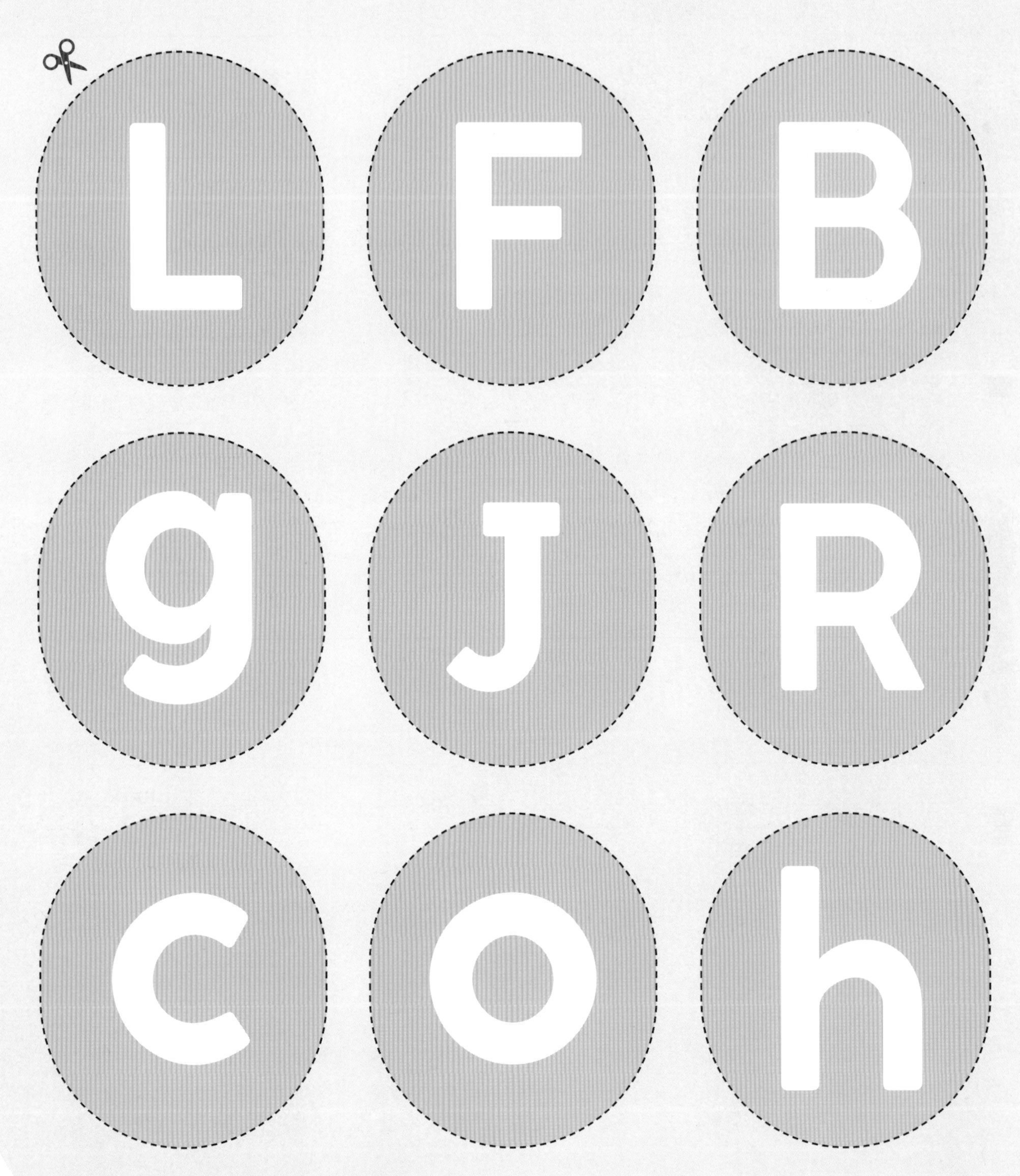

대문자 알파벳 플래시 카드를 만들어 보세요!

애니멀 알파벳 카드를 가위로 오려 플래시 카드를 만들어 보세요.
다양하고 재미있는 플래시 카드 놀이를 하다 보면,
알파벳을 훨씬 빨리 익힐 뿐만 아니라 기억력이 좋아지는 등
아이들의 두뇌 발달에도 아주 효과적이에요.

뒷면의 애니멀 알파벳 플래시 카드 놀이 방법을 참고하세요.

플래시 카드 놀이 이렇게 해 봐요!

게임 ❶

칙칙폭폭 땡~! 알파벳순으로 길게 줄 세우기

- 플래시 카드를 바닥에 놓고 마구 섞어 놓아요.
- 26개의 카드를 순서대로 길게 기차처럼 한 줄로 세워 주세요.
- 대문자는 대문자끼리, 소문자는 소문자끼리 따로따로 줄을 세워요. 그다음에는 뒤집어서 동물 그림이 있는 쪽으로 카드를 섞어 놓고, 순서대로 놓아 보세요.

게임 ❷

알아맞혀 보세요! 상대방 알파벳 맞추기

- 종이 상자에 카드를 담고 잘 섞어 주세요. 가위바위보로 순서를 정해서 이긴 사람이 먼저 카드 한 장을 보이지 않게 살며시 꺼내요.
- 카드에 쓰인 알파벳을 확인하고 카드를 숨긴 후, 몸동작이나 동물의 소리로 그 알파벳을 표현해요.
- 상대방이 맞추면 카드를 가질 수 있고, 못 맞추면 카드를 다시 상자에 넣어야 해요.
- 기회는 상대에게 넘어가고, 카드를 많이 가진 쪽이 이기는 게임이에요.

게임 ❸

네가 가진 카드는…? 알파벳 찍기

- 엄마와 아이가 카드를 여섯 장씩 나누어 가져요.
- 가위바위보로 순서를 정해서 이긴 사람이 알파벳 중 하나를 말하고, 상대방은 자신이 가지고 있는 카드 중에 그 알파벳 카드가 있으면 카드를 내려놓아요.
- 한쪽이 카드를 다 내려놓을 때까지 게임은 계속되고, 카드를 끝까지 가지고 있는 쪽이 이겨요.

시소스터디 카페에서 더 많은 게임 방법을 확인하세요.
https://cafe.naver.com/sisasiso

D C B A

H G F E

L K J I

P O N M

T S R Q

X W V U

HELPER

HELPER

Z Y

헬퍼는 다른 동물을 도와주는 동물을 말해요.
게임을 할 때 조커로 활용하세요.

헬퍼는 다른 동물을 도와주는 동물을 말해요.
게임을 할 때 조커로 활용하세요.

소문자 알파벳 플래시 카드를 만들어 보세요!

애니멀 알파벳 카드를 가위로 잘 오려 플래시 카드를 만들어 보세요.
동물을 보고 첫 알파벳을 맞히거나, 혹은 카드를 뒤집어 놓고
각 알파벳으로 시작하는 동물을 맞히는 플래시 카드 놀이를 해 보세요.
신나게 게임을 하다 보면 어느새 알파벳을 익히게 되죠.

플래시 카드 놀이 방법은 대문자 알파벳 플래시 카드에서 소개한 놀이 방법을 참고하세요.

Animal Alphabet Flashcards

d	c	b	a
h	g	f	e
l	k	j	i

p o n m

t s r q

x w v u

helper

헬퍼는 다른 동물을 도와주는 동물을 말해요.
게임을 할 때 조커로 활용하세요.

helper

헬퍼는 다른 동물을 도와주는 동물을 말해요.
게임을 할 때 조커로 활용하세요.

z y